保育への心構えができる
保護者が安心できる

保育者のマナーと常識

塩谷　香◎監著

少年写真新聞社

はじめに

保育者になりたかった夢を実現させた皆さんへ

大学や短大、専門学校の学びを終え、いよいよ保育者一年目を踏み出す皆さんは、期待に胸を躍らせながら毎日を過ごしていらっしゃることでしょう。そして同時に〝保育者として自分はちゃんと仕事ができるのだろうか〟と不安でいっぱいかもしれません。また、保育者になって数年がたち、夢がかなって保育者になったけれど、楽しいことばかりではなく厳しい現実もいっぱいで、子どもが好きという気持ちだけでは仕事はできない…と実感していたり、この先保育者という仕事を続けて行くことに不安を持ちはじめたりした方もいるかもしれません。逆に、自分を立て直し、少しずつだけれど自分の保育ができるようになってきたと思っている方もきっといるはずです。

保育者という仕事は確かに大変です。ストレスや気遣いも多くあります。抱っこやおんぶをせがまれ、走ったり跳んだり、元気に子どもたちと遊ぶことも必要で、体力も要求されます。何より、心身ともに健康でないとできない仕事なのです。ときにそのハードさにほとほと疲れてしまうこともあるでしょう。子どもたちが思うようには動いてくれず、活動がまとまらない、保護者に説明してもわかってもらえない、苦情やクレームを絶えず言ってくる保護者がいる…など、保育者としての悩みは尽きません。

迷ったとき、悩んだときにこそ、ふだんは忘れているかもしれない基本に戻って、大事にしなければならないことを再確認することが必要です。それぞれの園で考え方に差があるとは思いますが、最も重要な基本は「子どもの最善の利益を守ることが保育者の使命である」ということなのです。その基本を守ることは、新任でもベテランでも全く同じです。マナーや常識なども自身の学びを保育に生かすことで素晴しい保育ができるのです。

わかったつもりでいても、いつの間にか忘れていることも意外に多いものです。学生時代に学んだはずなのに、すっかり忘れている、そんなこともたくさんあるはずです。保育者として経験を重ねると、経験だけで判断するようなことも多くなって、基本を忘れがちになっていくことがあります。また、一番の問題はそこに気づかないことです。悩みながらも基本を忘れず、自信を持って仕事に取り組んでください。この本が少しでもその助けになれば幸いです。

保育者のマナーと常識　もくじ

第3章 園内でのマナーと常識

第4章 子どもも見ている先生のマナー＆一般的なマナー

第1章

保育者だから知っておきたい基本のマナーと常識

身だしなみ

通勤時

社会人としての自覚を持った私服であれば、特にこれでなければいけないという指定はありませんが、おしゃれよりも清潔感を優先するとよいでしょう。

　どこで会っても、子どもや保護者にとっては先生です。保育者であることを意識しておきます。

ヘアスタイル
カラーリングは金髪など極端な色でなく、常識的な色の範囲にしましょう。一度染めたら、コントラストが目立つ前に染め直すなど見苦しくないようにします。きつすぎるパーマも避けましょう。

服装
自分では普通だと思っていても先輩や保護者からは違う見方をされる場合もあります。破れたデザインのジーンズ、短パンや限度の超えたミニスカート、大きく背中やおなかが見えるようなタンクトップなどは避けた方が無難です。

メイク
基本はナチュラルメイクに。顔色が明るく元気に見えるファンデーションを選ぶのもよいでしょう。

香りと香水
においの強い物をつけるのはやめましょう。

爪、ネイル
爪は短く切っておきます。ネイルは休日につけていても、通勤時には落としておきましょう。

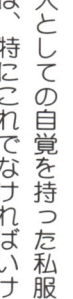

通勤時も見られています

園外だから…といっても、通勤路などで保護者に出会うことはよくあります。だらしない歩き方、携帯電話やメールのながら歩きにも注意しましょう。

すれちがうときにもあいさつを。その際、イヤホンを外すのもマナーです。

ひげなど

そり残しや鼻毛などにも注意して、出かける前に鏡でチェックを。

通勤バッグに入れておきたいもの

- ハンカチ
- ポケットティッシュ
- 化粧ポーチ（女性）
- タオル

- スケジュール帳
- 着替え
- 筆記用具
- 携帯電話
- 財布
- 鍵
- 定期券
- 身分証明書
- 折りたたみ傘

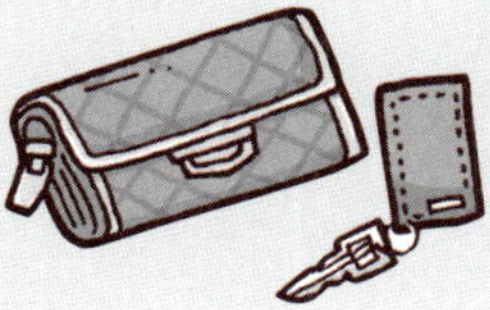

園内（勤務中）

保育の妨げにならない動きやすい服装、清潔感のあるヘアスタイルが基本です。いつでも、すぐに子どものそばへ行けるようにしておきます。

ヘアスタイル

○

アップにする、または前髪やサイドは留めて。

✕ 2つ結び

抱っこをするときなど、子どもの顔に髪の毛がかかります。

注意すること

胸元が開きすぎているものや股上が浅いパンツでは、下着が見えてしまいます。

アクセサリー

保育中にアクセサリーは邪魔になります。指輪などは最低限に。

爪

爪は伸びていませんか？

靴

室内履きは、かかとを踏まないように履きます。

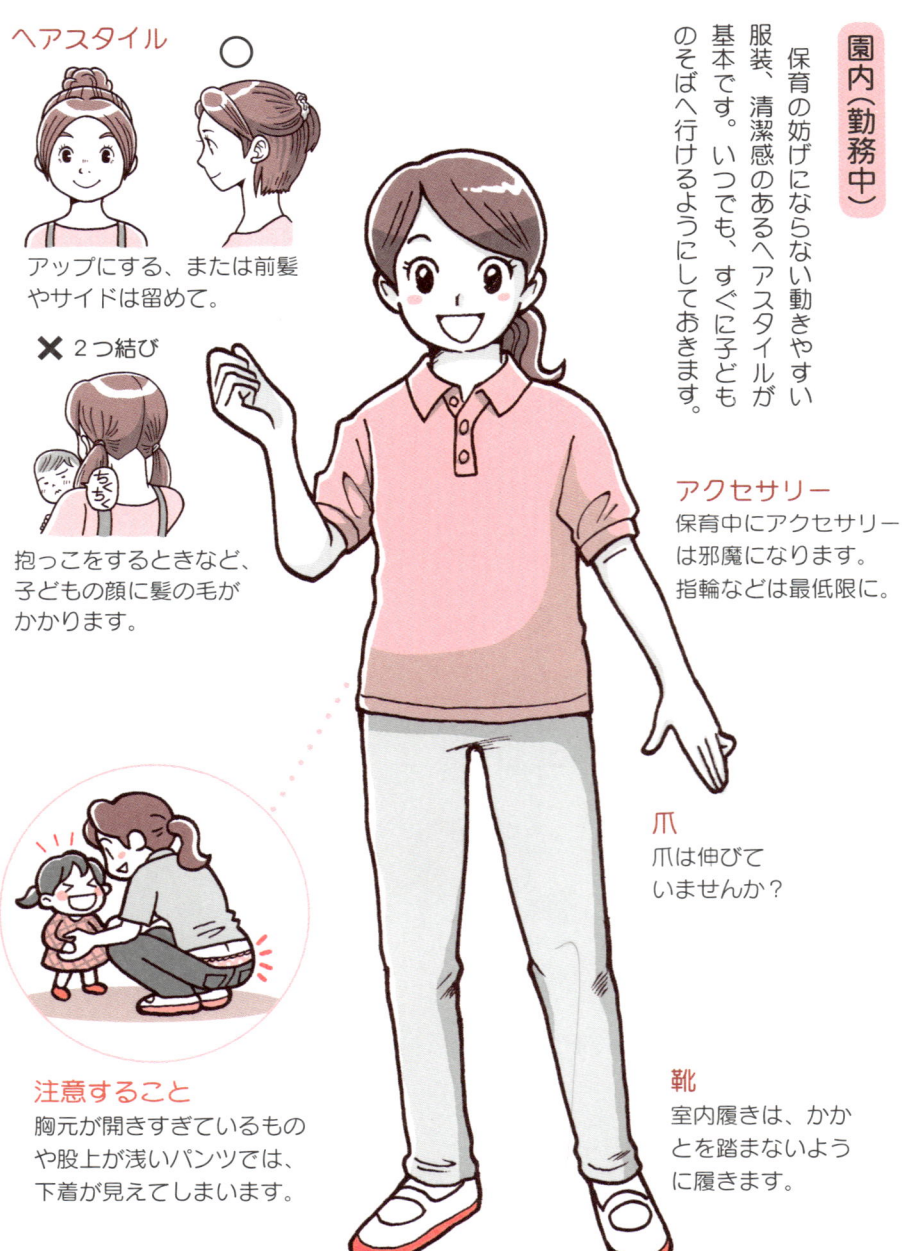

ロッカーの中に入れておくとよいもの

・着替え（シャツ、靴下、下着など）
・帽子、防寒具
・ヘアブラシ
・ソーイングセット
・エプロン
・ヘアピン、ゴム
・爪切り
・タオル
・斜めがけポーチ
・制汗スプレー
・傘
・日焼け止め
・生理用品（女性）
など

香水のつけすぎや、タバコの残り香は厳禁です。子どもが自然との触れ合いで感じる草花のにおいなどを感じ取ることができなくなります。

ヘアスタイル
1日1回はブラシで整えます。

ひげ
ひげは毎日そります。

ズボン
ファスナーは上まで上がっていますか？

靴
屋外で使用するものは、動きやすくて、脱ぎ履きがしやすいものを選びます。

園内行事（式典など）

日頃、ネクタイに慣れていなければ、鏡で位置をチェックしましょう。

ネクタイなどのスーツ姿だけでいつもと違う印象です。ひげの処理、ヘアスタイルをきちんと整えることを忘れずに。

ジャケット、パンツ、スカートのしわに注意します。

小さめのコサージュやシンプルなネックレスなどをプラスするのもよいでしょう。

　入園式、卒園式などの改まった場では、フォーマルスタイルが望まれます。園によって決まりがあるかを確認しておきましょう。ふだんはスーツを着ることがありませんが、社会人として用意しておくとよいでしょう。紺や、グレーなどベーシックな色、形を選んでおくと、流行に関係なく長く着用できます。

　また、友人の結婚式などのフォーマルとは違うことを心得ておき、行事の際の服装に迷うような場合には、上司や先輩に相談しましょう。

一般的な周年行事など

- フォーマルが原則ですが、あまり派手すぎないように。
- アクセサリーなどは少なめにする。

卒園の行事など

- 卒園児の担任であれば多少華やかに（ほかの職員は派手にならないように）。
- 保護者から見て好感の持てる印象に。

保育中のメイク

基本はナチュラルメイクです。流行を追うメイクや、濃いメイクは、周囲の人や保護者に「この先生で大丈夫…?」という印象を与えてしまうこともありますので注意します。

眉

眉はしっかり描くというよりも、地眉のラインをベースに色を足していくようにすると優しい印象になります。細すぎると、冷たい印象になるので、気をつけましょう。

ベースメイク

色は素肌に近いものを選びます。保湿や乾燥に気をつけ、紫外線対策も行いましょう（夏場の日焼け対策は、顔だけでなく腕や首なども行うとよい）。

目

濃いアイラインは控えましょう。ビューラーを使いマスカラを塗る程度でも、目の印象は強くなります。アイシャドウも控え目に。選ぶならば、ベージュ、ブラウン系に。

唇

濃い色ではなく、唇の色に近いものを選びます。落ちにくいタイプのものは、化粧直しができない場合におすすめです。

保育者にとってナチュラルメイクがよいのはなぜ？

メイク直しの時間がなくて、汗で多少落ちても目立ちません。

子どもたちとのスキンシップのときに、濃いと子どもに化粧品がつくことがあります。

あいさつと笑顔

笑顔で明るくあいさつを

あいさつはコミュニケーションの第一歩ともいわれています。入園、初対面、一日の始まりも、あいさつから。笑顔で、明るく素敵なあいさつをしてみましょう。相手に好感を持たれるかどうかは、言葉よりもむしろ表情です。明るい笑顔で、心からの「ウエルカム！」を表現してみましょう。明るく、自然な笑顔がいいですね。

暗い印象にならないように

いつも明るくと思っていても、人間ですから体調の悪いときや気分的に落ち込むこともあります。しかしプロである以上、子どもと保護者の前に出れば笑顔でなければなりません。そのためには、常に感情をコントロールできることも重要です。ストレスはためないで早めに解消するようにしましょう。

いつでもどうぞという安心できるメッセージを

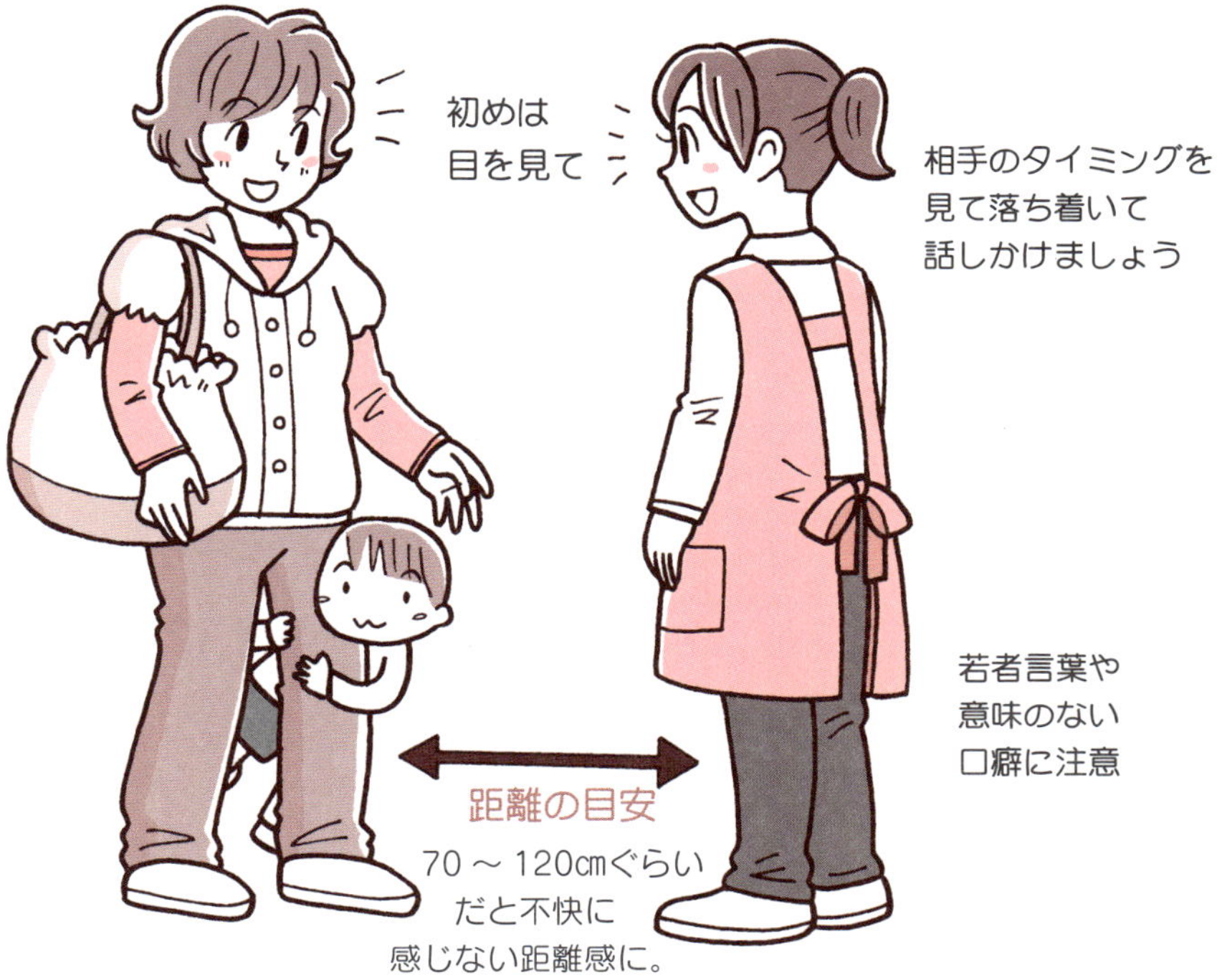
初めは
目を見て
相手のタイミングを
見て落ち着いて
話しかけましょう
若者言葉や
意味のない
口癖に注意
距離の目安
70 ～ 120㎝ぐらい
だと不快に
感じない距離感に。

子どもからも保護者からも信頼されるためには、“常に受け止めますよ”という安心感を感じさせることが大事です。うわべだけではすぐ見抜かれてしまいます。態度や行動からにじみ出てくるようなふるまいをしましょう。

おじぎの種類と仕方

最敬礼
45度
おわび、クレームを対応するとき、感謝の気持ちを伝えるとき。
敬 礼
30度
一般的なお辞儀。保護者に対応するとき、お客様や関係者が来園したときなど。
会 釈
15度
人とすれ違うとき、軽くあいさつをするとき

おはようございます！

プラスのフレーズ

「〇〇ちゃん（子どもの名前）おはよう」←子どもに向かって呼びかける
「変わりないですか？」←子どもの様子を聞くこともできます
「いってらっしゃい～！」←子どもと一緒に見送る（保育園の場合）

Point! 朝の受け入れでは…
基本的には今日も元気であるかどうか、変わったことはないかなどを確認してお預かりします。保護者からお迎えをする人・時間の変更などの申し出があった場合はしっかりとメモをとっておくと間違いがなく、確実です。

返事がなくても続けましょう

相手に聞こえていない、または返事をしない人だったとしても、分け隔てなくあいさつをしましょう。

朝の会話は短めに

時間があるように見えても、こちらからの長話はできるだけ避けます。

日中のあいさつ

地域の方にもあいさつを
園外に子どもたちを連れていったときなどに地域の方とお会いしたら、子どもたちと一緒に元気よく、にこやかなあいさつをします。通勤中など保育者が１人のときでも、地域で顔見知りの方にはきちんとあいさつをしましょう。災害時、非常時に助けてくださるのは地域の方々です。日頃からの信頼関係はとても大切です。

帰りのあいさつ

保育園の場合は、仕事を終えて保護者も疲れを抱えながらお迎えに来ていることが考えられます。先輩を見習って、差し支えなければ「お帰りなさい」と声をかけてみましょう。幼稚園の場合はその点はないかもしれませんが、どちらの場合も子どもの様子はどうだったのかなどを心配して聞きたい保護者もいますので、タイミングよく話しかけましょう。

相手と自分の使い方に迷いやすい言葉

子ども

（園・所では）
お子さん・子ども・子どもたち・〇〇ちゃん・幼児

（相手側）
お子様／お子様方／**おぼっちゃま・お嬢様**／ご子息

（自分側）
子ども／**息子・娘**

兄・姉

（園・所では）
おにいちゃん・おねえちゃん

（相手側）
お兄様・お姉様／兄君・姉君

（自分側）
兄・姉

弟・妹

（園・所では）
〇〇ちゃん・△△くん

（相手側）
弟様・妹様／ご令弟様・ご令妹様

（自分側）
弟・妹

父

（園・所では）
お父さん／**お父様**／**パパ**

（相手側）
お父様／お父上／ご尊父様

（自分側）
父／義父／**舅**／岳父

母

（園・所では）
お母さん／**お母様**／**ママ**

（相手側）
お母様／お母上／ご母堂様

（自分側）
母／義母／**姑**／外母

家族

（相手側）
ご家族／**皆様**

（自分側）
家族／**私ども**／家族一同

本人

（相手側）
〇〇様／貴殿／**あなた**

（自分側）
私／当方

名前

（相手側）
お名前／ご芳名／ご尊名

（自分側）
名前／名

住所・家

（園・所では）
おうち

（相手側）
ご住所／**お宅**／貴邸

（自分側）
住所／**住まい**／私宅／**自宅**／**わが家**

心遣い

（相手側）
お心尽くし／ご厚志

（自分側）
寸志

意見

（相手側）
ご意見／**お考え**

（自分側）
私見／私考／私案

手紙

（相手側）
お手紙／ご書面

（自分側）
手紙／**お手紙**／書面

※ここに表記している言葉は、手紙で使われるものも含みます。また、会話でよく使われる言葉は太字になっています。

第2章

保育が楽しくなる!!
子ども・保護者とのかかわり方

保護者とのコミュニケーション術

信頼関係は毎日の積み重ねから

毎朝顔を合わせる保護者です、元気なあいさつやさわやかな笑顔で迎えましょう。朝は、子どものみならず「親子を受け入れる」という気持ちで対応しましょう。毎日のちょっとした意識で自分の態度が変わり、関係がよくなっていくのです。日々の積み重ねは大きいものです。

誠実な態度で耳を傾ける

子どもの情報や疑問に思ったことなど、保護者は保育者に伝えたいことがたくさんあるはずです。

朝夕は忙しくてなかなか時間が取れないかもしれませんが、話しかけられたときはとりあえず聞く姿勢を見せましょう。時間がかかりそうなときはいつなら話ができるのかを相談して場を改めましょう。

こんなときどうするの？ 朝、子どもが泣いて、保護者から離れないときにはどうするの？

入園間際の子どもや、体調不良で何となく気分がすぐれない…、また、不安や甘えがある場合など、子どもがスムーズに園生活の中に入っていけないときがあるものです。まずはそうした子どもの気持ちをよく読み取り、保護者の思いにも気づきたいものです。

時間がなくて遅刻しそう、というような保護者の場合、まずは子どもをしっかりと抱き止めて預かります。そのようなときも必ず、保護者には子どもに「迎えに来るから待っててね」というように言ってもらうのはとても大事なことです。子どもは大泣きですが、保護者が行ってしまってから、ゆっくり思いを聞き出し、安心できるようにしばらくそばにいたり、遊びを一緒に始めたりしましょう。しかし、そうした状態が長く続くようであれば、何か問題があるのかもしれません。家庭で何かあったのか、または園でのできごとがきっかけになっているかもしれません。保護者と園（担任）でよく話し合って、問題を解決していきます。

保護者との会話を弾ませるには

日頃から、とにかく仲良くなることが大切です。話しやすい保護者もいればそうでない保護者もいます。〝ちょっと苦手かなあ…〟と思ってしまう方もいます。そのような保護者にこそ話しかけていきましょう。思い切って話してみると意外な印象を受けるかもしれません。

話題は子ども

話題はもちろん、たわいのない雑談で構わないのですが、子どもの姿それもポジティブな成長の姿を伝えていきましょう。子どもの成長の喜びを共有することが保護者支援の基本です。

また、子どもの良さをたくさん伝えましょう。保護者が「先生は、うちの子をこんなふうに見てくれている」と思うことは信頼にもつながります。

褒められれば保護者もうれしい

子育ては大変なことも多いはずです。保護者の頑張っている姿を認め、「お母さんも頑張ってますね～」と一言をかけたら保護者もきっとうれしいはずです。

連絡帳にも使える

保護者が喜ぶポジティブワード

「かわいい」
「楽しそうでした」
「うれしそうでした」
「楽しんでいましたよ」
「笑っていました」

お礼を言う・言われたとき

感謝の言葉を言われたときには、自分自身のうれしい気持ちを素直に表現しましょう。そして、逆に、子どもや保護者へもお礼を言いましょう。出会いに感謝することです。

日常的に協力を依頼して、保護者が応じてくださったときは、素直に感謝の言葉を述べましょう。

直接に言うことはもちろんですが、園だよりや掲示物などでも一言添えるなど、気を配ります。そして、こちらの依頼に応じてくださったことで、子どもたちが喜びましたなどと、子どもの姿も伝え、その効果を知らせていくようにしましょう。

マナー＋α

「ありがとう」を言われる保育者に

保育者という仕事の素晴らしさは、子どもや保護者から感謝されるという点にあると思います。

感謝の言葉を聞いたときほど、やりがいを感じることはありません。気力も体力もいる仕事でかなりつらいこともありますが、それがいっぺんに吹き飛んでしまうような瞬間になることもあります。

日々、誠意を持ってプロとして子どもや保護者に接することがそうした感謝につながるのだと思います。謙虚に子どもや保護者から学ぼうとする姿勢、愛情を持って子どもに接する姿など子どもも保護者もよく見ているのです。

断る

保護者との会話の中で、「断る」という機会はあまりありませんが、個人的な贈り物が届いたり、差し出されたりしたとき、園児のおけいごとなどの発表会などに呼ばれたときなどがあります。

受け取ること、参加することに関して、特にルールを決めていない園もあれば、すべてをお断りするという方針の園もありますので、対応の仕方を確認しておきます。

〈贈り物などを断るとき〉
せっかくのご好意に嫌な思いをさせないように配慮しましょう。
「ありがとうございます。お気持ちだけ頂戴します」などと伝え、その後に“園全体のきまり”として説明し、納得してもらいます。

こんなときどうするの？

朝の支度を「先生、お願いします」と言われたとき

朝忙しい保護者に「先生、やっといて」と支度を頼まれたとき、“本当に忙しくてすぐ飛びださないと…”という保護者であれば手伝うことも必要でしょう。しかしそれが毎日となると話は別です。ほかの保護者も気になり、どのように対応するのか見ているかもしれません。朝の支度はお母さん（お父さん）がするべきこと、としっかり伝えていくことも必要です。こういうときにもふだんからの信頼関係がものをいいます。「お母さんがやってくれたこと、○○ちゃんもうれしいと思いますよ」などと子どもの気持ちを代弁するような形で伝えると抵抗がないものです。

謝る

園や保育者の対応で保護者が不快な思いをされたとき、保育中に起きたけがや事故など保護者に対して謝らなければならないときは意外に多くあります。

どんなときでも、まずは誠意を持って心からの謝罪の念を表すことです。

しかし、そのような事態があまりにも数多くなると保護者からは信頼されなくなります。謝罪した後は再び同じようなことが起こらないように対処しなければなりません。また、ありがちなのですが、保育者によって保護者への対応が違うことが一番の不信の元です。

謝罪をしなければならない事態は園長や主任をはじめ、職員全員が情報を共有しておきます。必要に応じて、それぞれが保護者に声をかけましょう。

またふだんからの信頼関係が、このような場合にも大切になります。保護者からしっかりと信頼を得ることができているかどうかが試される機会にもなっていることを忘れないようにしましょう。

申し訳ございません
うっかりミスでもきちんと謝ります。
声のトーンはいつもよりも落とし、頭を下げて。

Point!

言い訳はしない

ミスという事実に対して、言い訳をしないこと。たとえ自分が人に頼んでいたことでも、ミスは同じです。相手が気分を害しているのであれば、言い訳は逆効果。とにかく謙虚に対応しましょう。

謝ることに対して注意しなければならないこと

保護者へ謝罪をする場合には、何に対しての謝罪であるのかを示す必要があります。保護者の中には、なかなか納得しない方もいます。こうしたときも誠意を持って臨み、そして２度と繰り返さないように対策を講じることも説明します。

そして何より大切なことは、相手の気持ちをねぎらうことです。「不快な思いをさせてしまってすみませんでした」という心からの言葉であればきっと保護者の心にも届くことと思います。例えば、けがをさせてしまったような場合も「ご心配ですよね、本当に申し訳ありません」というように、相手の心情を察して声をかけます。間違っても子どもやほかの職員のせいにしたり、言い訳を繰り返したりするようなことをしてはいけません。信頼関係を一気になくしてしまいます。また、こちらがそんなに深い意味を考えないで発した言葉でも保護者からするとかなり深刻にとるような場合もあります。つまり個人によって、価値観が違い、言葉の解釈も違ってくるということを承知しておく必要があるのです。誤解されないような表現に十分気をつけるということを心得ておきましょう。

しかし、死亡事故のような重大事では、簡単にはいきません。命を預かる仕事である以上単なる事故というだけではすみません。厳正な態度で対処をする必要があります。園長の指示に従い、勝手には動かないことです。また事故ではなく、疾患で死亡することもまれですがないとは言えません。例えばＳＩＤＳ（乳幼児突然死症候群）の場合、園の過失ではない場合もあり、疑われるようなときはすぐに謝罪しない方がいい場合もあります。いずれにせよ、慌てずに責任者である園長の指示に従います。

クレームを受けたとき

クレームを受けるのは嫌なものですが、クレームは園への要望、保護者の意見として受け止めます。そして、クレームの内容をよく聞き、素早く上司へ報告して対応します。子どもと保護者、そして保育者にとって〝今よりさらによい園をつくるきっかけになるもの〟という心構えで対処しましょう。

ビジネスマナーの基本　クレーム対応

言ってはいけない言葉

- 「よくわかりません」
- 「私のせいではありません」
- 「はあ…」
- 「おかしいな」
- 「たぶんそうだと思います」

やってはいけない対応

- 相手の話を遮る
- 言い訳や反論
- 担当者のたらい回し
- 迷惑そうに聞く
- 返事をしない

クレーム対応の基本

1. クレームかな？　と思ったら…

できるだけひとりで聞かないで、同じクラスの先生や上司に同席してもらいます。応接室など場所を移動すると、相手の気持ちが落ち着くこともあります。

2. 話を聞く

3. 内容を確認する（必要であればメモをとる）。

4. 適切な対処策を伝える

すぐに対応できるものは、その場で対応します。また上司に確認が必要なことなどは、「○○までに確認します」などと日時を区切り、伝えましょう。

クレームを、信頼や信用へ変える一番最初の対応です。伝えた期限は厳守します。

5. 園長に報告

速やかに園長に報告し、対応の指示を受けましょう。

6. 相手に解決策を伝える（ときには、上司、園長に同席してもらう）

7. 解決後も園内で対応の徹底をはかる

同じクレームを受けないように、職員同士でも意思統一をしておきます。

こんなときどうするの？

相手がとても感情的になっている場合には

クレームを訴えている相手が興奮しているときは、「そんなことはないと思いますが…」「それはちょっと違います」などの反論はしないで、とりあえず冷静に相手の言い分をすべて聞きましょう。そして、相手の気分をさらに悪くしないように「おっしゃる通りです」「そうですね…」と受け止める姿勢を示すと、相手の気持ちも落ち着いてきます。

クレーム対応後

クレームが解決したあとは、その後の対応も重要です。保育者、園にとって納得がいかなかった件があっても、「ご指摘ありがとうございます」という気持ちを込めてお礼を言うと、少し気まずくなったとしても、関係が和み、よりよい信頼関係につながるかもしれません。

クレーム対応後のフレーズ

「貴重なご意見をどうもありがとうございました」
「今後も、何かお気づきのことがございましたら、ご指摘ください」
「この度は、ご親切にご指摘をいただきまして、ありがとうございました」
「教えていただきまして、ありがとうございました」
「今後、このようなことがないよう、十分注意いたします」

こんなとき どうするの？

自分ではわからない、ほかのクラスのクレームを受けたとき

まずは「ご連絡ありがとうございます」と基本通りの対応をします。原則はそのあと担任に代わることが必要ですがそうもいかない場合は、園長や主任に電話を代わってもらいましょう。

もし内容を聞いた場合には、「○○が伺いました」とはっきりと伝え、「後日担任から再度ご連絡してもよろしいですか」と確認をとっておきましょう。

連絡する・伝える

保護者へ連絡する・伝える手段はいろいろあるかと思いますが、連絡事項は、「わかりやすく」「はっきりと」「簡潔にする」ことが原則です。

特に要件は、何人かの保護者が見て解釈がいろいろにならないように確認しましょう。

全員の保護者に連絡・伝言の必要がある場合

掲示や配布物が中心になります。掲示は見やすく、必ず目に入るところにします。ひとりでも「見ていなかった」ということがあっては困ることであれば配布物にしましょう。

個別に連絡・伝言の必要がある場合

原則は口頭で送迎時に直接話をしましょう。その際はプライバシーに関することなどは、ほかの保護者の耳に入らないように場所を変えます。

説明がさらに必要な場合は個人面談など別に時間をとるようにしましょう。簡単な事柄なら、連絡帳やメモでも大丈夫です。迷うような場合は口頭にします。

深刻な内容や個人情報にかかわることは、ほかの人に聞こえないところで話します。

送迎が保護者以外のとき

重要なことはお任せしない方が無難です。簡単な伝言だけにしましょう。しかし、日常的に保護者以外の方が送迎なら保護者と相談の上、連絡方法などを決めることが必要になります。もし重要なことがあれば、保護者と面談の時間をとるか、電話で伝えるなどの場合も想定しておきましょう。掲示物をコピーをして配布することも必要かもしれません。

掲示板、園だよりの活用

　掲示板や園だよりは、大切な連絡手段であることはもちろんですが、そのほかにもいろいろな意味があります。

　掲示板の多くは、玄関や部屋の入り口などにありますが、いわば表札のようなものと考えておくとよいでしょう。見やすく、整理され、またレイアウトなどにも工夫がされていると保護者も〝見よう〟という気持ちにもなりますし、雰囲気も変わります。またすでに終わってしまった予定やお知らせはすぐに新しいものに替えましょう。園の見学者や来客なども見ていることを意識して、またインテリアとしても大切なものになることを忘れないようにしましょう。

　園だよりやクラスだよりなどは、保護者にとっては自宅でゆっくりと見ることができる大事な情報源です。保育の様子や行事などの予定をしっかりと載せ、家庭生活の支援となるような内容も入れましょう。例えば保育所なら給食の子どもに人気のメニューのレシピやおすすめの絵本紹介、保護者からの地域のお出かけスポット情報などもよいかと思います。

読んでもらえる掲示板の工夫

わかりやすく簡潔に、ポイントを強調する

入室したら、すぐに目に入る場所に置きましょう。

こんなときどうするの？　保護者から「聞いていない」「もらっていない」と言われたら…

　言ったつもり、渡したつもりがトラブルになることがあります。ふだんからこうしたもれのないように注意しましょう。特に複数で担任している場合は注意が必要です。こちらのミスでそうなってしまったら、まずはきちんと謝罪して再度話し、配布物もきちんと渡します。保護者の勘違いというような場合はやんわりと、いつ連絡・配布したのか確認をします。それでも判明しない場合は再度伝えたり、渡したりするようにします。

連絡先の確認

保護者から連絡先を確認しておくのは、事故や災害など「緊急に保護者に連絡が必要な場合」と、発熱や嘔吐・下痢などの症状で、「子どものことについてすぐに確認する必要がある場合」です。一刻を争うようなことも考えて、必ず連絡が取れる方法を保護者に聞いておきましょう。

しかし、この連絡先も変更される場合があります。変更した場合には速やかに知らせていただくことを日頃から伝えておきますが、それでもいざというときに連絡がつかないということがないように、できれば、年度に2〜3回は確認した方がよいでしょう。

時期としては、まず年度初めに、次は災害訓練時などに担任の責任できちんと行うことが理想です。

そして、連絡先といえども大事な個人情報です。取り扱いには十分注意します。ほかの保護者の目に触れないところに大切に保管しておくことはもちろんですが、必要なときにすぐに取り出せることも大事なことです。担任だけでなく、どの職員も対応できるように日頃から話し合っておきましょう。

緊急を要する場面

1. 大きな災害や事故（地震などの自然災害、火事や事件など）
2. 事故（大きなけがや緊急対応が必要な症状など）があって、救急車で搬送するとき、されたときや病院ですぐに受診する必要があるとき
3. 発熱、発疹、おう吐や下痢症状など（感染症が疑われる場合）があるとき

緊急連絡票の項目（例）

・園児の名前と生年月日
・自宅住所／電話番号
・第１連絡先
・第２連絡先
・第３連絡先と、それ以外の連絡先
（母、父の勤務先や、携帯電話など職場では旧姓の保護者もいるので、可能な範囲で事前に確認しておくとよい）
・遠隔地の連絡先（災害時用）
・かかりつけ医
・保険証番号など

連絡ノートの役割

連絡ノートは園と家庭で子どもや保育の情報を共有できる大切なツールです。特に3歳未満児の保育には家庭との連携において欠かせないものです。

園では子どもの発達や生活の様子の大事な記録ともなるので、複写するなどして保育の資料にします。また、保護者にとっては育児記録ともなります。子どもが成長した後もこれを見れば、その過程をたどることができます。保育園の様子も保育者の印象と共に思い出されることでしょう。保育者の書きぶりがその人なりというように、書き言葉はずっと残るものなので、かなり気を使って書くことが必要になるのです。

また、ときには、家庭の子育てに役立つような情報も伝えます。例えば、なかなか着替えをしようとしなかった2歳児のA君の連絡帳に、「今日A君に、『明日はお誕生日。3歳のお兄ちゃんになるね。お兄ちゃんはきっとかっこよくお着替えできるよね』と声をかけたら、すぐに張り切って着替えを始めました…」というようなエピソードを。叱らずに褒めたり、見通しを持たせたりすることで子育てがうまく行くことなどを知らせることもできます。

連絡ノートに書かない方がよいこと

- 誤解されるような表現や批判的な内容
- 日頃の連絡

もし、内容で誤解されたりトラブルになったりしたような場合は、保育者の表現の仕方で不快にさせてしまったことをまずはおわびします。その後直接お話をして、内容をきちんと伝えます。

にんじん食べられたんだね。
今日は、カレーライスに入っていた苦手なにんじんを、食べることができていました…はじめは、なかなか食べられなかったにんじんですが、「ぞうさんのおくちでたべようか」と言ったら、大きな口をあけて張り切って食べていました。おうちでもたくさん褒めてあげてください。
れんらくちょう

連絡ノート記入上のポイント

POINT 1　誤字脱字に注意

誤字脱字に注意し、よく使う用語や間違えやすい漢字は、自分の手帳などに書き留めておくと便利です。

POINT 2　子どもの様子は必ず記入

子どものポジティブな姿、良いところを書きます

その日の子どもの様子は必ず書きます。保育者の感想もプラスすると、気持ちが伝わります。(「…をしながら、一生懸命説明をしてくれました。とってもかわいかったですよ」など)

POINT 3　文章の表現は敬語に

文章の表現は敬語を使います。わかりやすい表現を心がけましょう。

POINT 4　文章量はできるだけ毎日一定に

日によって、文字が乱れたり、短すぎたり長すぎたりしないようにバランスを考えます。読む側に立って丁寧に書きます。

連絡ノートに関しての配慮

連絡ノートに、保護者からの相談などが書いてあったときは…

ノートで相談を受けても、内容によっては直接答えます。相談側の保護者の不安や心配事も、保育者と話をすることで安心できます。

置き場所、置き忘れに注意してほかの子どもと間違えないように

連絡帳に書かれていることは、個人情報です。置き忘れはもちろん、渡すとき、バッグやウオールポケットなどに入れるときには細心の注意を。

保護者へのけがの報告

保育中に起きたことは当然保育者に責任があるので、直接保護者に謝罪します。担任が直接話すことが原則です。担任から説明ができない場合は代わりの保育者に、くわしく状況を伝えて、保護者が不安にならないようにすることが大切です。場合によっては担任が直接電話で伝えることなども考えましょう。

責任ある一保育者として子どもにけがをさせてしまうことは、やはりまずいことではあります。素直にその責任を感じ、自分の至らなさを認めなければなりません

報告は上司にも

園の保育の全責任を負っているのは、園長や主任の先生です。どんな場合でも園長や主任への報告を忘れないでください。

けがや事故などはすべて責任者の判断が必要になります。

最も重要なことはこのような事故やけがを繰り返さないことです。園内の環境や生活の仕方を改めて確認し、職員で安全管理について話し合い、徹底することです。マニュアルは絶えず見直し、すぐに見ることができるような場所に置きましょう。

また、保護者とふだんから信頼関係を深めることに努力をしているかどうかが、こうした事故やけがのときに表れます。心から信頼している先生と保護者が思っていれば謝罪を一応は受け止めてくれるはずです。逆にそうでなければこういうときに苦情や不満が噴出するものです。

保護者とのトラブルは、日頃の信頼関係がカギになります。

けがの報告の例

事態の説明	「今日の午前中に園庭で遊んでいて、つまずいて転んでしまい、膝をすりむいてしまいました」
どのように対応したか	「すぐに洗い、ばんそうこうを貼っています」
謝　罪	「見ていたのですがあっという間で…申し訳ございませんでした」
予想される事態	「お風呂のときに、しみて痛がるかもしれません。よろしくお願いします」

Point!
翌日もフォローをする
「お風呂、痛がりませんでしたか？」（保護者の話をしっかりと聞いて、傷を確認する）とフォローをする。

けがをさせてしまう子どもの保護者へ

特定の子が、友だちにけがをさせてしまうという事態になってしまう原因をまずは考えます。園で起きていることは園内での生活に起因することが多いはずなので、友だちや保育者との関係、遊びに集中できているかなどをよく観察しましょう。環境や対応を変えることで解決できるかもしれません。

しかし、家庭の状況が影響している場合もないとは言えません。園での改善方法を子どもの姿とともにしっかりと保護者に伝えながら、家庭とどのように協力していくかを話し合っていく必要があります。子どものネガティブな姿をそのまま伝えてしまうのではなく、そうなってしまう子どものつらい気持ちを代弁していくようにします。

また実際起きてしまったけがについては、日頃からどのように保護者に伝えていくか職員間で話しておく必要がありますが、基本は保育中に起きたことは園の責任であることをふだんから伝えて、保護者間のトラブルにならないように注意していくことが大事です。

こんなときどうするの？

けがをしたことを伝え忘れたとき

あってはならないことですが、もし伝え忘れたことに気づいたら、すぐに連絡を入れることが原則です。そして伝え忘れについても改めて謝罪します。重大なことを伝えていなかったとなれば、園長や主任といった責任者が謝罪することが必要になりますので、必ず報告することです。

面談・懇談会の準備と心得

個人面談

個人面談はできるだけ保護者の都合を優先させて期日を決めます。特に日々忙しい保護者が多い保育所は、この機会に子どもの情報をくまなく伝えましょう。また生活習慣など家庭の状況を十分に聞いて、家庭の方針に沿えるようにしていきます。

限られた時間なので、伝えたい内容はあらかじめメモにまとめてもれのないようにしておきましょう。

Point 前日にチェックしておきたいこと

- 事前に日誌などから話す内容をまとめておきます。
- 家での様子の質問は、家庭環境などの背景にも配慮します。
- できるだけほかの保護者に聞こえないようなところで行います。
- 園での様子（友だちとのかかわり、生活習慣など）、子どもの良いところなどを先に伝え、気になるところの順に話しましょう。
- ネガティブなところを伝えるときには、家庭の様子をまず聞いてから。同じ様子が出てきたら、一緒に考えるように園でのことも伝えていきます。
- 保育者ばかりが話さないよう、相手の話をよく聞くようにします。

お互いに緊張しないような雰囲気づくりも大切です。テーブルの上に子どもの作品や小さな花を置いておくのもよいでしょう。

こんなとき どうするの？

子育ての悩みを相談されたとき

保育者を信頼して悩みを打ち明けてくれたということは、保護者との信頼関係ができつつあるということです。それはとてもありがたく、うれしいことなのですが、どのように答えればよいのか、経験の少ない保育者にとっては逆に悩むところです。

まずは保護者の話を「いつでも聞きますよ」という態度で真摯《しんし》に聞く必要があります。しかし、実は答えなくてもいい場合もあるのです。

それは、保育者が答えることを求めているのではなく、**「誰かに聞いてほしい」**と保護者が考えている場合です。悩みは訴えていることではなくて、**実は話を聞いてくれる、受け止めてくれる相手が欲しい**という場合があります。このようなときには、話を真剣に聞いてくれたと保護者自身が感じられれば、それに満足して子育てにも前向きになれる、ということがあります。また、悩みながらも保護者がすでに答えを見つけていてほんの少し背中を押してくれれば…という思いでいる場合もあります。どちらにせよ、まずはしっかり聞くという姿勢を見せていくことが必要です。

しかし、専門家としての意見を求めている場合も多いはずです。もちろん勉強してきた知識は十分に生かしながら答えますが、**必要な場合は先輩保育者に聞いて**みましょう。保護者が「聞いてもしょうがない」「聞かなければよかった」という思いにならないよう、新任保育者でも誠意を持って答えていかなければいけません。先輩に頼るばかりではなく、専門職として必要な知識や技術はふだんから磨いておく必要があります。

また悩みをアドバイスした場合など状況が良くなってきたときに、保護者にそのことを伝え、保護者の頑張りをねぎらうことが実はとても重要なのです。「お母さん、頑張っているのですね」という言葉を待っている保護者は多いはずです。

よくある保護者の悩み

- 言葉の相談（発達について）
- 友だちとのかかわり方
  （コミュニケーション、暴力など）
- 少食、偏食
- おむつ外し、トイレトレーニング

懇談会・保護者会

懇談会はいつもはなかなか顔を合わせることができない、ゆっくりと話し合うことができないでいる保護者同士が一堂に会する貴重な機会です。保護者が子どもを通して仲間づくりができるように心がけます。

集まってくださったことにお礼を述べて、参加者全員から話が聞けるように進行させましょう。

事前に準備しておくこと

- クラス担任、上司（園長や主任）と内容や進め方について相談をしておきます。
- 当日の進行内容をまとめ、司会者、記録・時間管理者などの担当を決めます（※進行役は時間配分も打ち合わせておくこと）。
- 配布するプリントを作成します。
- 必要に応じて参加の声かけを行います。

当日の準備

その日の目的や子どもの年齢にもよりますが、子どもを同席させるか、別に保育をするか事前に決めて準備をします。保育が必要なときは園全体の協力体制をつくって対応します。

身だしなみは特に気をつけなくてもふだんの保育スタイルで十分ですが、その園の慣習に従います。

当日気をつけたいこと

忙しい時間を割いて、参加している保護者に対し、開始時間、終了時間は厳守です。開始時間に参加予定者がそろっていなくても、会を始めます。時間を守った保護者が損をすることのないように配慮が必要です。万が一、1～2人の場合であれば、数人そろうまでの間、その保護者のお子さんの普段の様子を伝えるなどの雑談をするとよいでしょう。

保護者会、懇談会座席例

椅子だけの場合、円形のような対面型に、机がある場合には机を囲むように席をつくります。参加者全員がお互いの顔が見えるように机や椅子を配置するのも大切です。

椅子だけの場合

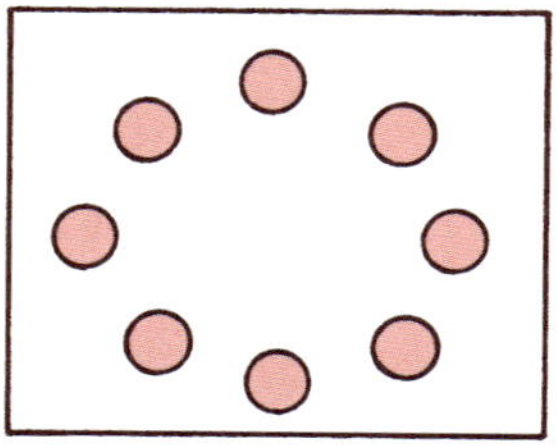

机がある場合

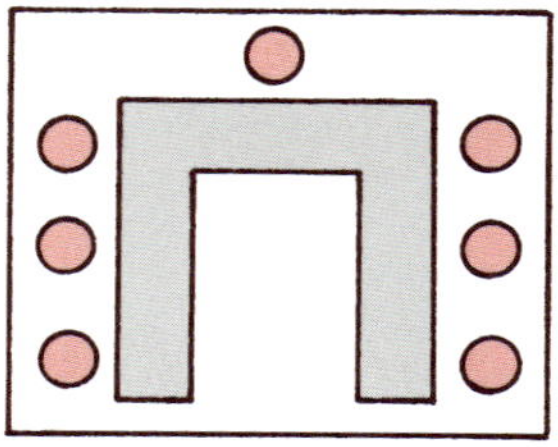

事後のフォロー

懇談会の様子を写真でクラスだよりに載せて報告をするなど（撮影するとき事前に参加者の了承をとりましょう）参加できなかった保護者にも内容を報告するとともに、この次は参加しようと思ってもらえるようにすることも必要です。

目的をはっきりさせて保護者に理解をしてもらいながら、次回も協力してもらうことを心がけましょう。そして、懇談会の意義を保護者自身が理解し、進んで参加できるようにフォローしていきます。

こんなとき どうするの？

参加してよかった!! と思わせるには

忙しい時間の中、参加している保護者なので、「出席してよかった！」と思ってもらえるようにするのは当然です。子育てで困っていること、工夫で乗り切ったことなど保護者の間で共有できることの意見交換の時間があるとよいでしょう。またちょっとお得だなと思えるような情報として、子どもたちが興味を持っている遊びや制作物などを伝えたり、保護者にも経験したりしてもらうと親子の間でも話題が広がります。

そして、保育にも関心を持ってくれる機会になるかもしれません。

子どもへのかかわり方

保育の基本は「子ども理解」にあるといっても過言ではありません。保育は保育者が子どもをどのように理解するかにかかっています。

どのような家庭環境であるのか、どのような生活をしているのか、それらがその子どもにどう影響しているのか、どんな性格で、何に興味があって、何が得意で、何を不得手としているのかなど子どもを知ることから保育は始まるのです。

どのような子どもでも園での生活を十分に楽しみ、担任をはじめ職員を心から信頼し、安心して生活ができるように、保育者が絶えずそのことを確認し、そうでない場合は問題の解決に取り組んでいく必要があります。様々な子どもがそれぞれの思いを持っています。保育者はその思いを読み取りながら、適切にかかわることが大きな専門性の一つともいえます。

保育者が悩みやすい

ケースその1
集団から外れてしまう子ども

年令が上がるにつれ、クラス集団もしくはグループでの活動などが増えます。みんなで先生の話を聞く、協力して活動をやり遂げるなど社会生活を営む上で必要な経験といえます。しかし、子どもによってはそれについていけない子どももいて、保育者にとってはとてもやりにくいと感じることがあります。

子どもの様子

- 話を聞けずに違うことを始めてしまう
- ルールや約束が守れない
- 何度言っても指示通りには動かないなど

考えられる原因…

家庭で受け止められていない、愛情を求めているような家庭での問題や、担任の注意を引きたくてそのような行動をとっているような場合もあるでしょう。また、「発達障がい」と呼ばれるような発達上の困難を抱えていることもあります。

保育者としての対応

原因はどこにあるのか、確かめることも大切なのですが、〝今の**園での生活をどう変えれば、落ち着いて楽しく過ごせるようになるのか**〟という保育上の改善や工夫を考えていくことはもっと大切です。

「困った子どもは困ってる」の言葉通り、保育者を困らせるような行動をとる子どもは、例えば指示が理解できなくて行動できない、こだわりがあってそれに気をとられているので話に集中できないなど、何らかの「困り感」を持っている場合が多くあります。まずはよくその子どもを見ることです。そして**保育者の見方（解釈の仕方）を変えて**いきます。

例えば…

話を聞かないのではなく

↓

理解できなくて

戸惑っていることもあります

落ち着きがないのではなく

↓

次にやることがわからなくて

不安になっていることもあります

いろいろな場面での様子をよく見ることで、子どもの抱える困り感がわかれば、解決方法が見えてきます。

自分の保育が至らないせいで、こうした事態になってしまうのだと保育者が自信をなくしたり、意欲を失ったりしてしまうのは本当に残念なことです。そうではなく、まずは子どもの理解という出発点に戻って保育を組み立て直すことが必要です。また、**自分だけで問題を抱え込まずに、上司や同僚から意見を聞きましょう**。協力が必要と感じたらどんな協力や連携が必要なのかをきちんと説明することも大切です。外部の専門機関などにもアドバイスを求めるなど、場合によっては地域での連携体制も必要です。

保育者が悩みやすい ケースその2 攻撃的な子ども

子どもの様子

保育者としての対応

攻撃的な子どもは、周囲の子どもにも警戒されてしまうので、決して本人が満足しているわけではありません。むしろ、**楽しく生活したいのにできないという葛藤を抱えている**はずです。まずはそこを理解しましょう。保育者にも乱暴な行動をとってしまう子どもには、保育者に何を要求しているのか言葉にならない言葉を読み取るようにします。「～したかったんだね」「〇〇ちゃんと本当は一緒に遊びたかったんだよね」など、**その子どもの思いを言葉にして返していきます。**自我の芽生えが盛んな２～３歳児の対応でも同じようなことがいえますが、そこが的確にできると、子どもは受け止められた安心感でいったん落ち着くことができます。その後「～したかったら～すればいいんだよね」、など具体的なとるべき対処方法を伝えていくようにします。こうした問題行動の原因は、確かに家庭の状況も影響しているでしょう。問題解決のために保護者と話をすることも大事かもしれませんが、**園での行動は園での対処でかなり改善される**はずです。

しかし、こうした努力をしても事態が改善しない、特に保育者との信頼関係がなかなかできにくい、**目が合わないなど心配な状況があるような場合は外部の機関とも相談して、対応を**考えていきます。

保育者が悩みやすい ケース3 無口で自分を出そうとしない子ども

子どもの様子

園での生活の中で、ほとんど言葉を発せずに過ごしてしまう子どもが、まれに見られます。よく観察してみると、保育者とは話せなくても子ども同士では言葉を発している、また、場面によっては言葉が出るなどいろいろな場合があります。

保育者としての対応

もともと性格がおとなしい、緊張しやすいなどが考えられますが、問題は子どもにとって**園生活の中で、何らかのストレスがある**ということでしょう。保育者との信頼関係はできているでしょうか？　子どもが困ったとき、まず保育者に訴えてなんとかしてもらおうと考えるのが普通かもしれませんが、このような子どもは、そうでないかもしれません。子どもが感じている困り感を見極めて、改善します。どんなときこの子どもが笑顔なのか、好きなこと、興味のあること、集中できる遊びは何か、仲の良い、気の合う子どもはいるかなど現状をよく見て理解することです。まずは保育者との信頼関係ができるように保育者が努力をしていくこと、そして**楽しく意欲の持てる活動を工夫する**など、**緊張感なく安心して生活が送れるようにする**ことが大切です。

保育者が悩みやすい

ケースその4　保護者からなかなか離れられない子ども

保育者としての対応

子どもにとって園での生活は楽しいものですが、子どもなりにある程度の緊張感を伴うものでもあります。家庭では好きなように生活できても園では必ずしもそうではありません。子どもはどんなに年齢が小さくてもそこはわかっているようです。つまり、子どもなりの切り替えが必要になる、ということです。保育者との関係もしっかりできて、**遊びも楽しくなってくれば自然に保護者から離れていく**ことはできますが、そこは子どものこと、体調が悪かったり、朝保護者から叱られたりなど思うようにはいかなかったときには、スムーズに離れられないときもあります。朝の受け入れでは、その切り替えが自然にできるかどうか保育者は見届ける必要があると思います。特に低年齢の場合は、体調が即機嫌の良しあしになってきますし、疲れがそのまま甘えになっているときもあるので、そこを理解した上での対応になっていきます。**しばらくそばにいて話を聞く、好きな遊びを一緒にする、スキンシップをとる**など子どもの切り替えができるまで、配慮をしましょう。

Point!

体の具合は大丈夫？

保護者から離れないときには、病気やその前兆かもしれません。
熱や発疹がないかなど全身状態をチェックしましょう。

保育者が悩みやすい ケースその5 虐待が疑われる子ども

子どもの様子

・あまり笑わない
・食べない、あるいは食べ過ぎる
・よくけがをしている

保育者としての対応

表情が暗い、いつも空腹、身体にしょっちゅう傷をつくっている、やけどを負った、ほかの子どもに攻撃的である、一方でボーっとして過ごすことが多いなどが思い当たる子どもは、虐待を受けている可能性がないとはいえません。身体的虐待でなくても、心理的にダメージを受けるような攻撃的な言葉を子どもに浴びせているようであればそれも心理的な虐待になります。もちろん**根本的な改善策は、児童相談所や保健所などとの連携**の下で、園全体で取り組む必要があります。しかし、**園での子どもの状況は、担任でも改善できることはたくさんある**と思います。

例えば、保育者との信頼関係をより強くしていく必要があります。**保育者には安心して甘えを出すことができるように**に、困ったときにはまず訴えられるような関係にしていくことが大切です。また**ほかの子どもとの関係を良いものに**して、園での生活が楽しくなるように保育者がうまく仲立ちになっていきます。

家庭の状況で、食事をとれない、洗濯や入浴などができないような事情がある場合には、園でどのようにカバーできるか考えなければいけません。もちろんできることには限りがありますから、園長やほかの職員と協力体制の下で行っていく必要があります。

こんなとき
どうするの？

虐待かな…？ と思ったら

子どもの体に傷がある、いつもおなかをすかせている、服装や体が清潔でないにおいがする、何となくいつもボーっとしている、保育者の顔色をうかがうことが多いなどいろいろな状況で虐待が疑われるような場合、まずは**担任ひとりで抱え込まずに**職員、そして園長や主任など責任者も含めて話し合いましょう。

虐待だと判断したら、すぐに児童相談所に通報しなければなりません。この通報は結果的に間違いであっても責任を問われることはありませんから、**早めに対応することが肝心です**。

また、職員全体で子どもや保護者の様子をよく見て変化を見逃さないことです。意識して保護者には声をかけるようにしていきましょう。間違っても追い詰めてはいけません。そうなれば、園に親子ともに来なくなってしまいます。来てくれないと支援はできません。園にいる間は子どもを守ることはできるので、園に来るように保護者にお願いします。

保護者の精神的な病気が疑われるような場合も、相談所や地域の保健所などに相談することもよいでしょう。同時に、その地域の保育を管轄する役所の課にも報告しておきましょう。保育所や幼稚園は子どもへの支援はできますが、保護者の生活へは支援できませんから、他機関と協力していくことが必要になります。

虐待は見逃してしまうと命にかかわる事態も想定されます。日頃から、着替えをする機会などに子どもの体をよく見ること、傷やあざがいつもあるような場合は記録をとっておくことが大事です。園内で方法を決めておくようにしましょう。

第3章

園内でのマナーと常識

園という組織の中でのコミュニケーション

施設規模によって職員の数は違いますが、組織が活性化して個々の職員が力を発揮して成長できる組織は、間違いなく良好なコミュニケーションがとれています。いい仕事はいい人間関係からというのは確かなことです。

また、子どもが生活する場であり、保護者や地域の方もかかわる保育所や幼稚園は、基本的に園内が温かで受容的な雰囲気が不可欠なので、職員の関係もそうしたものでないと必ずどこかに支障が出てくるものです。

園長や主任といった責任ある職員の力が大きいのは確かですが、一人ひとりの職員の心がけもとても大切です。上司や先輩職員にはたくさん学ぶことがあるでしょう。教えてもらうこともたくさんあります。まずは、丁寧な言葉遣いと話し方に気を配りましょう。

理事長
園長
園医
主任
園外の人、地域の人、
出入り業者さんなど
看護師
時間外（短時間）
職員
リーダー
先輩や同僚
保健師・保健所、
福祉事務所などの
職員（行政関係者）

園内でも積極的にあいさつを

　あいさつはコミュニケーションの第一歩です。子どもや保護者にはもちろんですが、職員同士でも同じです。残念なことですが、先輩や上司にはしっかりとしても、後輩や実習生、パートの職員などにはあまり気遣いのない方がいます。同じ職場で同じ目的に向かって働くこと自体には変わりありません。協力し合って仕事は成立するものです。

　相手の立場で自分のふるまいを考えることは必要かもしれませんが、態度があまりに違うと信用されません。そのときどきのふるまいは多くの人が見ています。また見ていなくても伝わってしまうものです。立場に分け隔てなくあいさつをして、どんな立場の人ともうまくコミュニケーションを図っていきましょう。

明るい表情・笑顔で仕事を

　また、保育現場で仕事をする職員として笑顔での対応は重要です。

　子どもや保護者にはもちろんのこと、職員間でも笑顔と温かい人間関係を大事にしましょう。そうした心がけでいるとまわりも和みますし、好感も持たれます。

園内でのあいさつと言葉遣い

出勤したとき：おはようございます

クラス（場所）を離れるとき：行ってまいりますのでおねがいします

帰園した人へ：お帰りなさい

待たせたとき：お待たせいたしました

退勤するとき：お先に失礼します

退勤する人へ：お疲れ様でした

外出する人へ：行ってらっしゃい

会議中の部屋へ入るとき：失礼いたします

業者・行政関係者・園医に：いつもお世話になります

謝るとき：申し訳ございません
失礼しました

注意されたとき：申し訳ございません。以後気をつけます。

上司、先輩などに世話をかけたとき：大変お世話になりました。どうもありがとうございました。

園内での間違ったやりとり

<あいさつ>

× ご苦労様です

○ お疲れさまです

目上の人に、ご苦労様と労《ねぎら》うのは失礼です。

<お礼>

× どうもすみませんでした

○ どうもありがとうございました

<お願い>

× すみません、手伝っていただけますか。

○ お手数をおかけいたしますが、お手伝いお願いできませんか。

すみませんの乱用はしないで、わかりやすい言葉を使うようにしましょう。

できる保育者として成長するために

遅刻・欠勤はしない

社会人として仕事に就いたら、責任ある行動をとることは大切です。保育の現場では職員が協力し合って園運営は成り立っています。基本、遅刻や欠勤はしないのが原則です。やむを得ない事情があるときは、すぐに連絡を入れましょう。それは、自分がいない状況で保育をしていくための体制をとってもらう必要などがあるからです。

そして出勤したときには、必ずおわびとお礼を忘れずに言います。

"聞き上手"になる

保育のこと、子どもの発達のことなどで疑問に感じたことがあったら、学生時代のノートや教科書で再確認してみるのもよいでしょう。聞きたいことが出てきたときには、「～ではないかと考えたのですが、～でしょうか?」と、先輩方に聞いてみます。先輩や上司に対しては、まずは教えてもらうという心がけで、丁寧に話を聞きます。自分の意見は、様子を見ながら述べるようにしましょう。保育に必要な知識は卒業したばかりの若い保育者の方が最新の知識を学んでいることもあります。そのことを忘れず、ときに自信を持つことも大切です。

指示の受け方

経験の少ない職員は、上司や先輩職員から指示を受けることが自然と多くなります。アドバイスや指摘も含めて素直に聞く姿勢が求められます。

指示を受けた時点で不明なことが出てきたときにも、そのままにしておかずに、「～したほうがよいでしょうか?」など、わからないことは積極的に聞いたり、確認したりします。

また、指摘を受けたときなどに反論したくなることもあるかもしれませんが、まずは一度聞いて受け止め、冷静に考えてから意見を述べましょう。やってみてから意見を述べても遅くない場合もありますので、素直に受け入れて行動してみることも大切です。

自分から進んで仕事をする

日頃から、園内で誰がどのように仕事をしているのか、よく観察をしてみましょう。上司や先輩の動きに目がとらわれがちですが、同僚や多職種の方、非常勤職員、短時間パートなどそれぞれの方が、役割を担って仕事をしているはずです。自分がその中で、どんな仕事を引き受け、誰とどのように協力していくのかを考え、効果的な方法を教えてもらうだけでなく、自分から実行してみましょう。そうした態度はきっと誰かが見ているはずです。

職場でのNGエチケット

仕事を気持ちよくこなすためには、基本的なルールとしてのふるまいも大切です。社会人の常識として覚えておきましょう。

・共有物を私物化しない

本や文具などを無断で持ち帰る、私用コピーは厳禁です。

・大きな声でおしゃべりをしない

勤務時間中、仕事に関係のないおしゃべりは長くならないように。

・無断で撮影はしない

保育中の写真は、保護者に了解をしていただいた上で、撮影をします。

・子どもの前では化粧をしない

化粧直しは決められたところでします。廊下や教室・保育室などではしません。

・私用での携帯電話はしない

勤務中に私用での携帯電話の使用はできません。昼休みや勤務の前後にするのが常識です。原則保育室では使わないようにしましょう。

・タバコは吸わない

タバコくさい状態で子どもに接するのは保育者とはいえません。保育者は、禁煙することが必要です。保護者の立場からは、全身からタバコのにおいのする喫煙者に自分の子どもを抱っこされたくないはずです。子どもとじかに接する仕事での喫煙は許されません。

〝疑問〟はそのままにしない

保育者になって間もないときに一番悩むところ、実は園内の人間関係なのです。わからないことがたくさんある、聞かなければわからないのに聞いてよいのか・こんなことを聞いたらどのように思われてしまうのかなどを、先に心配しすぎて、結局聞けないまま動いてしまい、失敗してそれを指摘されて自信をなくす…という悪循環になってしまうことがとても多いのです。

早いうちにそのことに気づかないとますます大変な事態になることがあります。つまり新しい職場1年目が大事です。

例えば、〝必要なものの場所〟は、たいてい類似品ごとに置いてあるはずです。どこにあるか聞いた場合は、その他のものの場所も、確認して覚えておきましょう。同じことを何度も同じ方に聞くのは失礼です。

チームワークを大切に

ともに仕事をしていかなければならない仲間である以上、一人ひとりがメンバーから認められ、力を発揮できないとチームワークは効果的に機能しません。

もちろんリーダー的な職員の力が大きいことは否定できませんが、個人の意識の持ち方で変わることもあります。仲間から認められるようになるには、まず自分から進んでほかのメンバーを認めていくことです。

どんな人にも欠点がありますし、良いところもたくさんあるはずです。迷惑をかけることがあるかもしれませんが、次は自分が支える立場になるかもしれません。

つまり「お互い様」なのです。陥りやすいのは、アドバイスや指摘を受けたことで「自分（の人格）が否定された」と大きく捉え過ぎてしまうことです。そう考え始めると人を認めようとする気持ちも起きません。言った側はそんなつもりは毛頭ないはずですし、もしそうであればそのこと自体が否定されるべきことなのです。

業務の中でのやりとりから悪循環にはまらないように注意して、自分をコントロールすることが大事なのです。

園内で悪口は言わない

仕事をしているとついつい「ああしてくれない」「こう言われた」「〜なんて信じられない！」などと愚痴をこぼしたくなります。愚痴も大事です。吐き出し口がないと、元気になれません。家族や信頼できる友人などには個人名は出さずに吐き出し、そして励ましてもらいましょう。

しかし、たとえ信頼できる同僚であっても園内の職員間では「悪口」は禁止です。うわさとして本人の耳に入ったり、誤解されて関係が悪くなったり、いいことはひとつもありません。また悪口を持ちかけられても相づちを打たないこと、言っている本人をねぎらう言葉で軽く返すことです。悪口を言う張本人にならないとも限りません。

男性保育者への気遣い

まだまだ少数派の男性保育者です。男性保育者がたくさんいて慣れている職場なら問題はないと思いますが、新規に初めて採用された場合や、まだ採用の歴史が浅い園などでは難しいこともあります。

過去に、事務の職場で、女性ばかりにお茶くみをさせるのは…と問題としてとられたことがありますが男性保育者もそうしたことが起きる可能性があります。

保育者として長く仕事をして行くためには、解決していかなければならないこともたくさんあるようです。ひとりで考えていても事態はなかなか進みませんので、職場内で悩みを相談できるところを探し、解決していきましょう。

こんなときどうするの？

「男らしさ」ばかり求められてしまうときには？

数少ない男性保育者ということから、外遊びを全面的にまかせられたり、大工仕事や力仕事が当り前であったり…いろいろな場合が想定されます。できないことは丁重にお断りするか、時間を決めて行うようにします。まずは、ひとりの担任としてやらなければならないことを優先させましょう。

すみません、蛍光灯の交換をお願いできますか？
わかりました、14時になったらやりますね
キャッ
キャッ

報告・連絡・相談

報告

園内ではあらゆる場でいろいろな方が仕事をしています。それぞれの責任において仕事を進めていますが、園長や主任、フロアリーダーなどまとめ役の職員は、それぞれの場で起こったことをすべてにおいて知っていることが基本的な責任になります。

つまり職員からの報告なしには責任を全うできません。職員一人ひとりは、上司に報告することが義務でもあり責任でもあります。

覚えておこう！
報告・連絡に不可欠な5W

When	いつ（日時）
Where	どこで（場所）
Who	誰が（対象者）
What	何を（件名）
Why	なぜ（目的）

「報告」7つのポイント

1. 指示を出した人は、そのつど「報告をしてください」とは言わないかもしれませんが、その報告によって業務内容が変わることもあります。**積極的に報告を**します。
2. 報告内容が長くなるときには、話をする前に、「〇〇の件でご報告したいのですが今お時間大丈夫ですか？」などと**相手の都合を確認**します
3. **結論から簡潔に**話をします。
4. **悪いこと、ミスをしたことほど早めに報告**をします。
5. 運動会など**長期にわたる業務は、**忘れずに**中間、経過報告**もします。
6. **必要に応じて要点を報告書にまとめて**（内容によってはメモなどでもよい）提出します。
7. **自分の判断で解決しない**で、順調に進んでいること、小さなことでも報告します。

ビジネスマナーの基本　報連相とは

報《ホウ》
＝
報告
途中経過や結果を報告します。催促される前に報告しましょう。

連《レン》
＝
連絡
業務に必要なこと、予定していることなどをこまめに連絡します。

相《ソウ》
＝
相談
問題が発生したとき、判断、方法に迷ったときに相談をします。自己判断は危険です。

ミスを報告するとき

1. 問題が起きたら（発覚したら）すぐに上司に報告

起きてしまった事実を、ありのまま話し、素直に謝ります。自分以外の原因があったときには、そのことも正確な情報として話しますが、責任転換や言い訳などはしないようにしましょう。

2. 対処方法の指示を仰ぐ

園長、主任など上司と相談してミスを最小限にとどめる方法を検討します。そしてこの段階でできることを行います。

3. おわびとお礼を伝える

ミスの対応が終わったら、迷惑をかけた上司や先輩、同僚などにおわびとお礼を改めて伝えます。自分が気づかないところで、フォローをしてくれている可能性もありますので、周囲の人への感謝の気持ちを忘れずに。

4. 今後に生かす

ミスや失敗となった原因を考え、今後同じようなことを起こさないように対策を考えます。ダブルチェックやチーム体制などを変更するなども大切です。

業務中の連絡方法について

　チームワークを効果的に進めるためには、小さなことでも職員間で情報を共有することが重要です。情報が共有されてこそ、次の動きが見えてきます。それぞれが持っている情報を連絡し合うことで、より良い判断や対応ができます。

　また、いつ職員の誰かが不在となるかわかりません。その職員がいなければどうにもならなくなってしまうのでは組織として成り立たないので、日頃から連絡を密にしておき、不在の人が出たらすぐにそのカバーに入れる体制にしておきます。

Point!

記録は読みやすく書くこと

会議記録などは誰が見てもわかるよう、きれいな文字で丁寧に記入しましょう。

連絡事項を伝えるときには…

　口頭ですぐに連絡しなければならないことか、書面で詳しい説明が必要なことか、時間をとらなければいけないことかなどを即座に判断します。子どもから離れないようにすることが原則ですが、必要なら近くの保育者に一声かけて応援を頼みます。

メモ書きの利用

大切な連絡事項は、書き留めておきます。それを見ながら話すのもよいですし、必要があれば渡します。

主語をはっきり、そして○○の件ですと前置きをして話す

相手は初めて聞く情報もあります。急いでいても早口ではなく、ゆっくり話します。

連絡を円滑に行うために 日頃から共有しておきたい情報

園内ではもちろん、子どもへも、保護者へもスムーズな対応をするために、項目を覚えておき、その時々の情報を知っておきましょう。

〈園　内〉

・クラスの保育の状況（子どもや保護者の状況も含む）や問題点、解決すべき課題など
・事故やけが
・園内の行事予定

〈クラス、フロア内〉

・子どもや保護者、家庭の状況など、保育上担任として知っておかなければならないこと（日々の出欠、送迎者など日々の情報も含む）
・保育の計画やクラス運営にかかわること
・必要な事務上のこと、会議の報告など

〈担任ではないクラスの応援に入ったとき〉

・今日の保育に必要な情報
・自分自身が知った情報で担任が知っていなければならないことなどの連絡を聞き、伝える

解決できない問題はすぐに相談を

仕事をしていくと様々な問題が次々に出てきます。解決が図られる前にもう次の問題が起きることもあります。日々いろいろなことが起きる保育の現場では、それが日常です。

常に「自分で解決できる問題なのか」という判断に迫られています。しかし、経験の少ない保育者には自分で解決できることは限られています。それをまずはしっかりと認識することも大事なことです。つまりほかの職員の力を借りなければ解決できないことは、ことのほか多いということです。誰かに相談することは少し勇気のいることかもしれませんし、無力なのかと思われるのもつらいかもしれません。ですが、相談して力を借り、支えられながら問題を解決していくうちに自分の力もついてきます。いつかきっと力を貸し、支える立場になっていきます。誰もが通る道と考えて、何もかもひとりでやろうとしないことが大切です。

相談し、支え合って成長を

相談できる上司や先輩、同僚がいるのは幸せなことです。こんな問題があり、自分ではこんなふうに頑張ってはみたけれど、なかなか難しいと自分がどのようにその問題を捉え、解決しようと努力をしてきたか、経過を含めてまずは説明します。相談することで、自分の理解の仕方が間違っていたり、見方が狭かったなど気づくことは多くあります。「目から鱗《うろこ》」とはよく言ったもので、自分の思い込みの強さに気づけば、あとは意外にスムーズに行くものです。

もし、解決に向けて良い方向に進むことができたら、アドバイスをくれた方に心から感謝をしましょう。支えられて仕事ができる体験は本当にすばらしいものです。逆に相談されたときは自分の考えつく範囲で構わないので、悩んでいる本人が気づかないでいることや解釈の仕方を提案してみることです。

特に同僚との支え合いの関係はこれから仕事を続けて行く上で大切なものになります。悩んでいるのは自分だけではない、一緒なんだと思えるだけでも心強いものです。励まし合い、元気をもらいましょう。

気持ちよく仕事をするために心がけたいこと

・責任感を持つ

・人にしてもらってうれしかったことは人に返す

・職員同士、協力し合う

・小さなことでも報告をする

・誰にでも笑顔で接する

・先輩を見習って積極的に仕事をする

・仕事の内容を確認する

申し送り

保育は担任だけでできるわけではありません。どのような場面でも、チームで行っているはずです。連携や協力が必要なことは言うまでもありませんが、特に申し送りは正確さと、もれのないことが求められます。

保育所を例にあげると、職員の勤務時間以上の保育時間のところが多いはずです。そうなれば長時間にわたって保育を受ける子どもたちは必ず、担任以外の何人かの保育者に保育されることになります。連絡帳に書けなくても伝えなければならない情報があることもあります。保護者に確実に子どもの情報や連絡事項を伝えて行くためには、申し送りの正確さが重要です。

幼稚園の場合も、担任と預かり保育の担当者がきちんと申し送りをしていくことは重要です。体制を確認しておきましょう。

申し送りの大切さ

２歳児Ａちゃんの保護者から、「昨日、入浴時に頭にこぶができているのを見つけ、本人に聞いてもよくわからないのですが…」という申し出がありました。担任は昨日のＡちゃんの様子や行動をよく考えてみましたが頭を打つような出来事は考えられませんでした。申し送りノートを１週間ほどまでさかのぼって確認してみましたが、保護者に伝えなければならないような様子はありませんでした。

そして改めて全職員にこのことを伝えたところ、一昨日の遅番の職員から、「そう言えば夕方保育室内で走り回っていて、転びました」とのこと。「カーペットもあったので、大丈夫だ…」と判断していたとのことでした。幸い、Ａちゃんのけがは、大きなけがにつながることはありませんでしたが、まずは保護者にお伝えしていなかったことを謝罪しました。そして全職員で、どんな小さなことでも大きなことになりかねないので、たいしたことはないとそのときは思っても、必ず保護者、担任には伝えること、申し送りノートに記録することを確認しました。

これを契機にその園では申し送りの大切さに職員が気づき、より正確に記入しようと心がけるようになりました。

正確な申し送りのために「申し送りノート」をつくる

日常業務の中で

担任職員と朝夕の保育をする職員の間で、保護者へ伝える情報を正確でもれのないものにするためには、きちんと記録していくことが必要です。口頭だけでゆっくりと説明している時間はありませんし、子どもから目を離すことにもなりかねません。

早番の職員は

昨日の遅番職員からの伝達事項があれば確認する

保護者からの担任や園へ伝えるべき情報を書き込み、正確に伝える

担任職員は

早番職員から情報を聞き、遅番職員には保護者に伝えるべき情報を書いた上で伝える

遅番職員は

担任から保護者へ伝えるべき情報をしっかりと聞き、伝える

翌朝の早番職員に伝えることがあれば、記録する

年度替わり

どこの園でも担任は1年間で変更するところがほとんどです。事情が許せば、持ち上がり担任がよいかもしれませんが、必ずしもそうできるとは限りません。そのようにできないときは正確な申し送りをすることが必要です。子どもや保護者の情報はいうに及ばず、この1年間の保育の様子や現状など、伝えるべき情報は必ず正確に伝えなければなりません。そのときもしっかりと記録を残し、説明を加えることです。また申し送りが終了しても不明な点が出てくるはずです。保護者や家庭のことに関して言えば、「先生には伝えたはずなのに…」という思いをさせないのが原則です。もちろん個人情報の管理はきちんと行い、極力もれのないように申し送りを行いましょう。

危機管理

２０１１年３月11日東日本大震災が起こりました。未曾有の大災害で、あらゆることの考え方が変わってしまうほどでした。災害は避けることができません。

しかし、被害を小さくすることはできます。災害がいつ来ても対応できるように日頃からどのようにしていくかが問われることになりました。いざというときのために日頃からシュミレーション訓練をしておくことはとても大切です。

幼稚園や保育所でも子どもたちの命を守るためにはどうしたらよいのか、自園の状況や地域との連携など熟慮して対策を考えていくことが必要です。地震や火事など災害に対して、マニュアルを作成してあるはずですので、それに沿って対応します。

安全教育と保育の環境づくり

年齢にもよりますが、災害だけでなく事故やけがなどについても、子どもなりに自分の命は自分で守ることができるようにふだんから保育の中で学ぶことができるようにしていく必要があります。「こういうときはどうしたらいいかな？」と場面を提示しながら、年令や発達に応じて、子どもができることをわかりやすい手順で知らせて行くことが大事です。

また保育室内や園庭の遊具や教材の置き場、避難路など、災害時に危険になるようなところはないでしょうか。日頃からチェックリスト方式にしておくなど安全管理には常に配慮しましょう。

保護者へ伝えておくこと

実際に、大きな災害が起これば連絡も不可能になり、子どもを引き取りに来られない保護者も必ず出てくることが考えられます。そうしたことも想定して、もし災害が起こったら園ではどこで、どのように子どもたちを保護するかを伝えておく、保護者が来られないときには代わりに迎えに来る方を知らせておいていただくなど、より大きな災害に備えていくことが必要です。

災害が起きたとき

どんな事態になっても、子どもの前で保育者が慌てていては話になりません。どうしたら子どもの命が守れるのか、日頃の訓練通りにはいかないかもしれませんが、即座に安全を確認しながら判断して子どもたちを避難させましょう。間違っても保育者がパニックになることのないようにしなければなりません。

まずは落ちついて周囲の状況をよく見るようにしましょう。

地域との連携

災害を乗り切るには地域との連携が大切です。園だけでできることは限られています。また、園が地域のためにできることもあるかもしれません。どのように協力ができるか、いざというときのためにも、日頃から、地域の人とのコミュニケーションは大切にします。

災害に備えて確認しておきたいこと

災害が起こったときに、近くに上司、先輩がいるとは限りませんので、災害時の責任者でなくても、覚えておきましょう。

災害直後の保護者との連絡方法

・年度始めなどに前もって保護者に確認しておく

災害時の役割

・自分が何をするか、担当を把握しておく

園以外の避難場所

・保護者に説明ができるように覚え、必要なときはわかりやすく伝える

交通機関のまひなどで、保護者が来られないとき

・代わりにお迎えに来る人

・連絡手段

Point! 地域の人との連携

園は地域の避難所になることもありますし、園の職員が負傷した場合などには、地域の人に手伝ってもらうことも考えられますので定期的にネットワーク会議などを開催し、確認しておきましょう

休暇などの申し出と届け出

日頃から、健康管理に気を配っていても体調が悪くなったり、けがをしたりすることがあります。病気などで休むことが必要なときには、まず職場の責任者に報告します。そして、とりあえずあとは任せましょう。ヘルプに入ってくれる人が必ず出てきます。とはいっても、子どもの保育以外にもすぐに片付けなければいけない仕事もあるでしょう。代わりに作業を引き受けてくれる人に、説明と引き継ぎをし、「ご迷惑をおかけして申し訳ありません」の一言を言いましょう。

　また、復帰（出勤）できそうであれば、めどがついた時点で連絡をします。園では毎日保育体制を確認していますので、体制を組み直すことができるからです。復帰後は、カバーをしてくれた方々にきちんとおわびとお礼をしましょう。

欠勤

　始業前、できるだけ早くに、電話をします。「休みます」と言い切らないで、なぜ、休むのか事情をきちんと説明します。翌日どうするかは、改めて上司がいる時間に電話をします。

急ぎの業務は引き継ぎを

　その日の予定を上司に伝え、緊急の仕事や引き継ぎが必要な場合には誰かに代わってもらうなどの対応を相談します。

遅刻

自分の都合による遅刻の場合

　始業前までに、電話をして遅刻の理由と出勤時間のめどを伝えます。

　出勤後は上司とカバーをしてくれた人に、「遅くなり申しわけございません。ありがとうございました」とおわびをして業務に入ります。だまって業務を始めないようにしましょう。

交通機関の遅延による遅刻の場合

　電話にて状況を説明します。出勤時間の予測ができれば伝え、予定より遅れる場合には再度連絡をします。鉄道会社から遅延証明をもらい、出勤後遅延証明を提示して報告します。

欠勤、遅刻の連絡は家族に頼らず自分でします。

重病や大けがでどうしようもない場合には別ですが、家族に連絡を頼むのや、メールやＦＡＸでの連絡はやめましょう。上司あてに電話をし、離席、不在であればひとまず同僚に伝え、改めて連絡をします。

早退

体調が悪くなったり、家庭の事情などで急に早退する必要があったりしたときには、上司に理由を話して許可を得ます。その日にやらなければならない業務は、上司と相談をして先輩や同僚に引き継いでもらいましょう。

遅刻・早退・欠勤明けには、上司や同僚に必ずおわびとお礼を言いましょう。

諸事報告

結婚するとき、妊娠したとき、病気で長期に休むことが必要になった場合などでは、すぐに報告が必要です。まずは同じクラスやグループの職員に報告します。また、同時に園長や主任にも報告して、休むのであれば了承してもらいます。

こうしたことは、「お互い様」ですから、助け合っていくことが原則です。報告する場合は「いろいろとご迷惑をおかけするかもしれません」と謙虚にお願いをしましょう。

また、報告を受けた場合も相手への気遣いが大事です。思いやりを持って相手を尊重する仕事の態度を忘れずに。このようなときこそ、ふだんからの人間関係が大事なことを、心得ておきましょう。

退職をするとき

様々な事情で退職という選択をした場合には、自分の退職後に考えられる事態を想定して行動します。

①退職をしたい旨を申し出る

退職に至る事情や理由は、責任者である園長にはっきりと伝え、退職を了解してもらいます。

②退職届を提出する

園で決まった用紙があれば、所定の用紙を使用しますが、基本的には白紙に手書きで書くことが原則です。書き方はいろいろな事例を見て参考にしてください。この届け出があって初めて園では職員の補充に向けて動き出します。つまり、補充に必要な期間の余裕を持って提出することが大切です。

③子どもや保護者には、動揺や混乱のないように伝える

職員の退職は子どもや保護者には大きな事態です。特に現担任のクラスでは、あまり早く報告してしまうと混乱することも考えられます。上司とも相談しながら、いつどのように報告するのかを考えておきましょう。

保育者の健康管理

健康的なリズムで生活を

保育者にとって心身の健康は仕事の基本です。保育者が健康でなければ、「人を受け止め、励まし、成長させる」仕事はできないのです。保育者が元気もなく、笑顔がなければ、子どもも保護者も安心することができません。

保育者の笑顔は、安心安全の証しのようなものです。保育者として良い保育をしようと考えることはとても大事なことですが、その基本としてやらなければならないことは健康管理といえます。

「早寝・早起き」は原則ですが、十分な睡眠とバランスの良い食生活が健康の基礎になります。毎日はできなくても心がけることから始めてみましょう。

体調が悪くなったり、けがをしたとき

保育中に急に具合が悪くなったり、けがをして動けなくなったりしたときは、大きな声で助けを呼ぶなど、ほかの保育者にすぐに伝えます。園内ならすぐに対処できると思います。

病気で長期療養が必要な場合

すぐに復帰が難しく、長期にわたりそうなときはもちろん上司（責任者）に診断書などを提出して判断を仰ぎます。どのくらい必要なのかにもよりますが、担任や園内の役割を変更することも考えられるかもしれません。どんな事態でも責任者に委ねて任せることです。園内の体制によって違ってきますが、とにかく治療に専念して早く復帰できるように心がけていくことです。焦ってもいけませんが、ゆっくり休むことが早道かもしれません。

園内で流行する感染症にも注意

手洗いやうがいなどは習慣にします。子どもの感染症がうつることも考えられますので、流行しているときは自分の体調管理もしっかりと行います。自分がどのような予防接種をうけているか、既往歴はないかなどは把握しておきます。大人になってから感染すると影響が大きい疾病もありますので、受けられる予防接種は受けておくとよいでしょう。

Point!

感染症の予防

- うがい、手洗いをする
- マスクの着用
- バランスの良い食事をとる
- 適度な運動をする
- 十分な睡眠をとる
- 予防接種を受ける

喫煙・深酒は要注意

ストレスの解消として、タバコやお酒が必要な人もいるでしょう。大人ですから、個人の自由ではありますが、仕事に影響させることは許されません。子どもにタバコくささを感じさせたり、二日酔いで保育中に調子が悪くなったりすることは厳禁です。自分の健康のためにも禁煙しましょう。お酒はほどほどに、コミュニケーションがよくなるおつきあい程度にしましょう。

時間だしそろそろ
おひらきにしようか

健康で楽しく仕事をするために…

ストレスをためない

Z

睡眠を十分にとる

すみません、
ご相談が…

悩み事は相談する

3度の食事を
きちんととる

子どもと一緒に遊ぶ
など体を動かす

勤務中の休憩・休息

一日の勤務の合間に休憩をとることは大事です。休憩ができない…とそのままにしているとやはり疲れがたまります。切り替えができるという意味でも休憩をとれるようにする工夫も必要です。

疲れには個人差もありますし、おしゃべりしたい人もいれば横になりたい人、外に出たい人もいます。原則はそれが自由にできなければいけません。スペースが狭いなど難しい場合もありますが、クラスやフロアなどで声をかけ合い、休息をとる努力はしていきましょう。

仕事に対する〝オン〟と〝オフ〟を

仕事にストレスや疲れがないことはありません。どんなに楽しくても良い人間関係でも疲れないはずはないので、それをどのように解消していくかの工夫が必要です。

趣味や楽しみで解消することもよいでしょう。ただし、その疲れを仕事に持ち込まないようにしてください。つまり、休養と解消をメリハリをつけて考えるのです。

また日頃の生活環境の整備は意外に大事です。休養は寝て休むという方法もありますが、身の回りを片付けることも効果的。すっきりすると気持ちが変わります。そして、花を飾る余裕などがあれば、全く心配なしですね。

人間関係で悩まないために

どんな仕事でも程度に差はあれ、人間関係がついて回ります。保育者の仕事も例外ではありません。保育者はむしろ人間関係を調整していくことも仕事として求められてきます。

本来は子どもとの関係が一番重要なはずですが、職場の人間関係に振り回されてしまうことが往々にしてあるようです。何とかしたいと思っても自力ではどうすることのできないようなこともあります。

仕事での人間関係で悩むようなことがあれば、誰かに相談して「吐き出す」ことが不可欠です。人に相談され、ときにアドバイスを求められるような仕事こそ、そうした吐き出す場所が必要なのです。吐き出して、すっきりすればリフレッシュができて気持ちも新たに仕事に向かえることになります。

単純な話ですが、たまったものは吐き出すしか方法がありません。たまったものをそのままにすれば膨れ上がって、今度は吐き出すのさえ難しくなってしまいます。さらに、病気になってしまったら回復は難しくなります。早いうちに手を打つことです。

失敗は次へのステップに

悩んでいるのはひとりではありません。誰もが悩み苦しむ弱い存在です。そこに気づかないでいるとどんどん深みにはまってしまいます。

失敗は誰もがします。ときには責任を負わなければなりません。でも小さな失敗は次に生かすことができるのです。自分の失敗も人の失敗も許すことです。「許し」があれば誰もが救われます、まずは自分からです。失敗する自分も弱い自分も許してあげることです。

また、あなたの良さを見てくれる人が必ずいるはずです。信じて仕事をしましょう。そしてあなた自身も人の良さを見ていくようにします。実はそれが、保育で一番求められることなのです。子どもの良さを見つけて伸ばすことのできる保育者になりましょう。

どうしてもつらくなったとき

いろいろな重圧に押され、気がついたときにはすでに職場に行かれなくなっているような事態に陥って、起き上がれなくなってしまったら、病院で治療してもらうことも選択のひとつです。友人や家族に同行してもらい、とりあえず病院（心療内科もしくは精神科など）へ行きましょう。仕事を休む必要があるでしょうから、自分で事情を説明できない場合は家族に頼んで話してもらいます。

退職かな…と思ったら

状況にもよりますが、あまりにも長期に休むことが必要になったら考えることも出てくるかもしれません。

しかし、大切なことはひとりで決めないことです。辞めることはいつでもできます。大事な判断をするときは必ず誰かに相談しましょう。特に自分がストレスや病気などでまいっているときに大事な判断はしないことです。そして辞めたあとの自分の生活も見通した上で、より良い判断ができるようにしたいものです。

ストレスをためない休日の過ごし方

自分の身の回りの片付けをする

好きな本を読んだり音楽を聴いたりする

園以外の友だちと会う

けがや事故の発生

安全に保育をしているつもりでも事故やけがが起きることがあります。日頃から気をつけることはとても大事ですが、もし起きてしまったら適切に対応をしなければなりません。そして一番重要なのは同じことを繰り返さないようにすることです。

けがをした場合は…

・応急手当（処置）をする
・病院での治療が必要かどうかの判断をする（責任者と相談すること）
救急車を呼ぶときはすぐに対応し、職員が同行する、保護者にも連絡し向かっていただく

病院に連れていく場合

1．保護者に連絡し、状況を説明して病院に連れていくことを承諾していただく。
必要があれば病院に向かっていただくようにお願いする。

2．病院に連絡し、状況を説明してから向かう。
そのときは誰が連れていくのか、また残った子どもたちの保育はどうするのか、職員体制を決めておく。

保護者へのけがの報告 p.34

園での応急処置で大丈夫と判断した場合

1．様子に変化がないかをよく観察する（家庭でも見てもらえるように保護者に話す）。

2．保護者にどのように伝えるか、協議する（すぐに連絡するか、担任が直接話すのか、連絡ノートに書くのか、当番の保育者が代理でするのかなど）。

3．保護者には事実、経過をしっかりと説明し、謝罪する。

4．職員間でなぜ事故・けがが起きたのかを話し合い、今後起きないようにするための対策を考える。

5．事後も保護者に声をかけるなど、フォロー策を行う。

感染症などの病気の流行

幼稚園や保育所のように集団保育が前提の場では、感染症をはじめとして病気が流行してしまう傾向にあります。年齢が小さいほど抵抗力も弱いので、蔓延《まんえん》してしまう事態になりかねません。保護者には日頃から子どもの体調や様子に気を配り健康的な生活を送ることができるように協力を求めていくことが必要です。

特に忙しい保護者の多い保育所では、子どもも長時間にわたって保育を受けているので疲れがとれ切れずにいる場合も見受けられます。保護者には、食事の食べ具合や午睡の様子といった身体面だけでなく、精神面でも家庭でフォローができるように状況を詳しく伝えていく必要があります。

また伝染性の病気や感染症などが発生したら、すぐに隔離して流行を防がなければなりません。保護者にも連絡して病院で診断してもらいましょう。また発生したことを掲示や配布物などでほかの保護者にも知らせて、子どもの様子をよく見てもらうようにお願いしましょう。

園で流行しやすい病気

インフルエンザ、風疹、水ぼうそう（水痘）、おたふくかぜ、手足口病、流行性角結膜炎、プール熱、ヘルパンギーナ感染症、急性胃腸炎（ノロウイルスなどの感染による、下痢やおう吐などの症状）など

病気（発熱など）で、保護者にお迎えをお願いする時

保育所では、保護者の都合ですぐには迎えに行けないと言われる場合も多いはずです。日頃から小さいうちは病気をすること、次第に抵抗力はついてくることなどを保護者に説明を十分しておき、そのときに子どもには無理をさせないですむようにしていくことが大事です。

諸事情でどうしてもという場合は園で保育するしかありませんが、その時は集団の子どもたちとは離れた場所でゆっくり眠れる場所を確保することが必要になります。ただし、引きつけたなど症状に急激な変化があった場合などは、保護者にすぐ連絡し、救急車を呼ぶなど早急な対応をすることになります。

消毒について

清潔、消毒の目的は園内での感染症の予防です。

子どもがせきやくしゃみをする、吐いている、下痢をするなどの症状があるときは飛沫《まつ》感染する恐れがあります。ほかの子どもへの感染を防ぐ意味でも消毒をしっかり行います。

また、乳児では飛沫感染だけでなく、口に入れたおもちゃに唾液がつき、そこからまた別の子どもへうつることがありますので、見つけたときに洗います。すぐに対応ができない場合には、使用ずみのおもちゃ入れを用意してそこへまとめておくようにしましょう。

主な消毒の種類

薬品名	※次亜塩素酸ナトリウム	逆性石けん	消毒用アルコール
適しているもの	衣類・歯ブラシ・おもちゃ・哺乳瓶 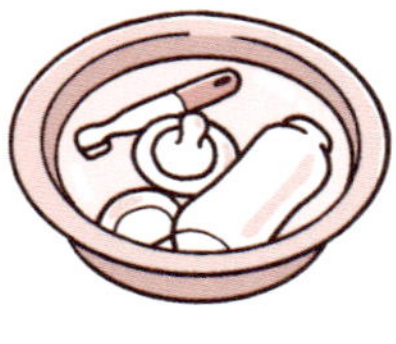	手や指・トイレのドアノブ 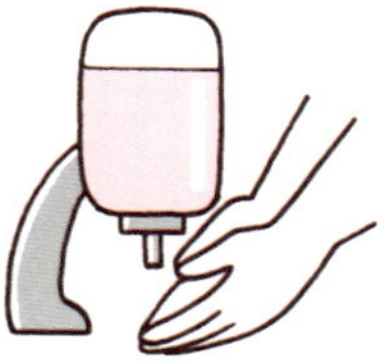	手や指・おもちゃ・便器・トイレのドアノブ 
消毒薬の濃度と使い方	通常200～300倍希釈液 汚れをよく落としたあと、薬液に10分程度浸し、水洗いをする	通常100～300倍希釈液 手に直接つけてこすり洗いをする	薄めずに使う 布や脱脂綿などに含ませて拭く／手指などに直接かける　その後自然乾燥させる
気をつけること	漂白作用がある 金属には使えない	一般の石けんと同時に使うと効果がなくなる	手が荒れることがある ゴム製品、合成樹脂などは、変質するので長時間は浸さない

※0.02％の次亜塩素酸ナトリウム消毒液＝原液濃度約６％次亜塩素酸ナトリウム300倍希釈液

基本的な手や指の消毒の仕方

日常では	流水、石けん（液体・泡など）で十分な手洗いをする
下痢・感染症発生時	流水、石けん（液体・泡など）で十分に洗ったあと、消毒用アルコールなどで消毒をする。 便、嘔《おう》吐物処理時はゴム手袋を使用する 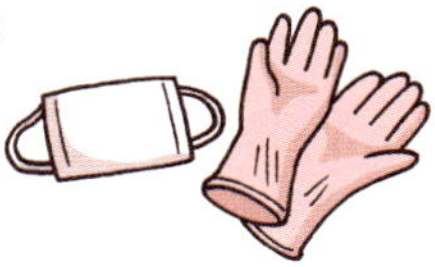
その他	毎日清潔な個別のタオル、またはペーパータオルを使用する 食事、その他用のタオルとトイレ用のタオルは別にする 手指専用の消毒液を使用するのもよい

玩具の衛生管理

	洗濯の目安	消毒の仕方
ぬいぐるみ、布類のもの 	定期的に洗濯をし、週１回程度、日光に当てる。	便や吐物で汚れたときには、汚れを落としてから、次亜塩素酸ナトリウム300倍希釈液に10分程度浸し、水洗いをする。 汚れのひどいものは処分する。
洗えるもの 	定期的に流水で洗い、日光に当てる。 乳児クラスの玩具は週に１回程度を目安とするが、なめるなどしたときには毎日洗う。幼児クラスでは、１～３か月に１回を目安に行う。	吐物などで汚れたときには、次亜塩素酸ナトリウム300倍希釈液に10分程度浸し、水洗い後、日光に当てるなどしてよく乾かす。
洗えないもの 	定期的に拭く（お湯で湿らせた布を利用する）乳児クラスの玩具は週に１回程度を目安とするが、なめるなどしたときには毎日洗う。 幼児クラスでは、１～３か月に１回を目安に行う。	吐物などの汚れをよく拭き取り、次亜塩素酸ナトリウム300倍希釈液で拭き、日光に当てるなどしてよく乾かす。

個人情報の管理と配慮事項

　保育者として個人情報の扱いには、かなり注意が必要です。例えば親しい友だちなどについつい仕事の話をしてしまうということはよくあることですが、個人名などが特定されてしまうような場合は事実上は漏えいになってしまいます。

日常会話、ネットへの書き込みは要注意

　どんなところで誰が話を聞いているかわかりません。大きなトラブルにならないよう、子どもや保護者の個人的な内容は園外では原則話をしないことです。

　そんなに大ごとと考えないかもしれませんが、ネット上への書き込みなどで個人が特定されるような場合もあり、トラブルになっています。現役保育者として、また、保育者として仕事をしなくなっても守秘義務はありますので、十分に注意をしてください。

（参考：児童福祉法第18条21　信用失墜行為の禁止　18条22保育士の秘密保持義務）

　また、園内においても個々の子どもや家庭の情報が、必要以上に流れないようにしなければなりません。

撮影画像も大切に

　子どもたちの様子を撮影し、写真で保育の様子を伝えることは良い手段です。しかし、そうした目的以外にその写真は使えません。画像も簡単に送れる時代ですが、それが大きなトラブルになることもあります。画像も気軽に考えず、個人情報として丁重に取り扱いましょう。保育の計画や園だよりなどに個人の写真や様子を掲載する場合は保護者の許可をとり、データの扱いには十分に注意しましょう。

園内の個人情報

- 園児名簿（名前・住所・電話番号・生育歴など）
- 保護者の就労先記載表
- 家庭状況調査票
- 注意事項の伝達用紙
- 日誌
- 連絡ノート

- 投薬依頼書、アレルギー対応表
- 健康記録カード（ノート）
- 園児の写真

こんなとき どうするの？ 同じクラスの子どもに関することを聞かれたとき

「必要があれば、お話ししますが今は**くわしくお話しすることはできません、ご理解ください」ときっぱり断る必要もある**でしょう。特に子どもの病気や障がい、別居や離婚などは保護者のデリケートな思いに影響することも考えられるので慎重にしなければなりません。当該の保護者と日頃からより良い信頼関係をつくることに心がけながら、子どもの園生活にプラスになることを話し合い、必要と共通認識できれば、ほかの保護者に知らせる必要もあると思います。どんな場合でも**「子どもにとって良い方法」を一番に考え、保護者の気持ちに添う**ことが大事です。

また保護者と保護者の関係もそうしたことには影響します。保育者としてはどのような状況になっているのか、知らないとトラブルになることもあるかもしれません。個々の保護者と信頼関係を築いていきながらもさりげなく**保護者同士の関係についても気を配りましょう**。孤立している保護者はいないか、すでに関係が悪くなっていることはないかなど、ふだんの送迎時の様子からもわかることはたくさんあるはずです。

会話の中で気をつけたいこと

・小学校受験の有無
・進学、卒園後について
・病気や障害
・保護者の別居や離婚
・保護者の職業

など、個人的な事情をほかの保護者に知られることのないように気をつける。

気をつけたい ついうっかり からの

個人情報流出の例

保育者同士の帰り道

ちょっとした立ち話でも、子どもの個人情報を話すのは避けます。

ブログやtwitterでの“つぶやき”

ブログやtwitterなどは、誰が見ているかわかりません。

園内での会話も…

込み入った話や、子ども、家庭にかかわる話をするときには、ほかの人に聞かれないように場所を選びましょう。

置き忘れ、渡し間違えて…

連絡ノートや健康手帳などの置き忘れは、ほかの保護者が見てしまうこともありますので気をつけましょう。

第4章

子どもも見ている先生のマナー
&
一般的なマナー

ものへの思いやり

現代はものがあふれている時代、使い捨てが当たり前の時代ともいわれていますが、将来の地球環境問題なども考えると、ものは大切にしなければいけません。

ものを大切にする気持ちは心にも余裕が生まれます。そして、ふだんから、ものへも思いやりを持ってふるまっている人はとても素敵に見えます。

子どもたちもそんな先生の姿を見て、覚え、まねをしながら身につけていくことを忘れずに小さなことから子どもたちへ伝えていきましょう。

整理整頓（本の整頓）をする

水を出しっ放しにしない

ドアの開閉は足でしない

急いでいても靴のぬぎ方に注意

保育者が行う、ちょっとしたしぐさやふるまいを、子どもたちはとてもよく見ています。忙しさ優先で、無意識のうちに行ってしまうことのないように注意しましょう。

掃除のマナー

整理整頓がされていて、清潔な保育室は子どもたちも保育者も心地よく過ごせます。また、保護者も園内がきれいで手入れが行き届いていると安心します。毎日行う掃除も心を込めて、快適な空間をつくりましょう。

掃除のポイントと手順

①換気

窓や扉を開けて、空気の入れ替えをします。

②片付け

本や教具、机や椅子などを整え、
不要なものを捨てます。

③掃除

掃き掃除（掃除機をかける）
→拭き掃除→ごみの始末（分別など）

④仕上げとチェック

掃除が終わったら、細やかな心配りと安全チェックをしましょう。そして、ときには部屋の雰囲気づくりもしてみましょう。

・子どもの目線になって
見渡す、素足、素手で確かめる

・タオルの替えや雑巾を干す

・小さな花や季節の小物、
子どもたちの作品を飾る

ほうきの種類と使い方

長いほうき

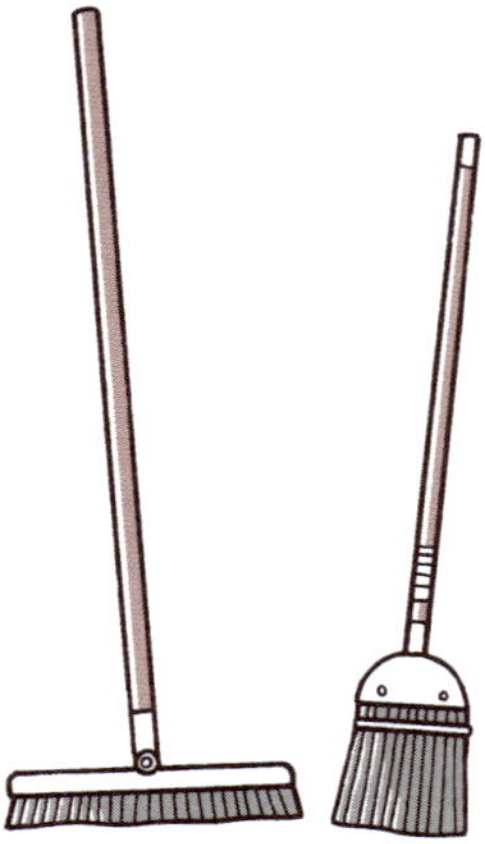

屋外、室内での広い場所を掃くときなど：両手で握って使います。

短いほうき

細かいごみを集めるのに使いやすい：片手でにぎって使います。

ほうきの先を使って、ごみを押し出すように掃きながら一か所に集めます。集めたら、ちりとりで取ります。

竹ほうき

屋外で落ち葉などを集めるのに使いやすい：両手で握り、砂や土を集めないように軽く掃きます。

手ほうき

机上、ロッカーや下駄箱の上や中、小さなスペースのほこりやごみを取るときに使います。

雑巾の絞り方

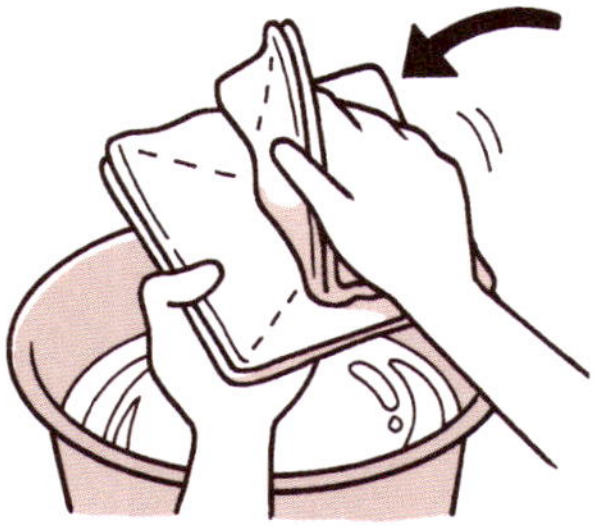

ぬらした雑巾をバケツの上で2つ折りにします。

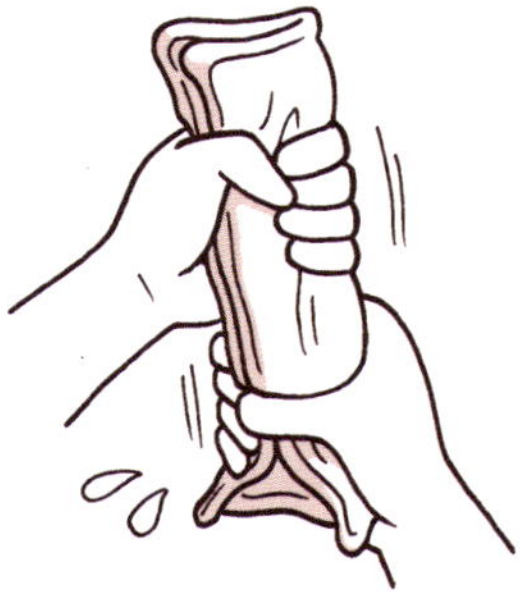

折った雑巾の水を片手でしごきます。

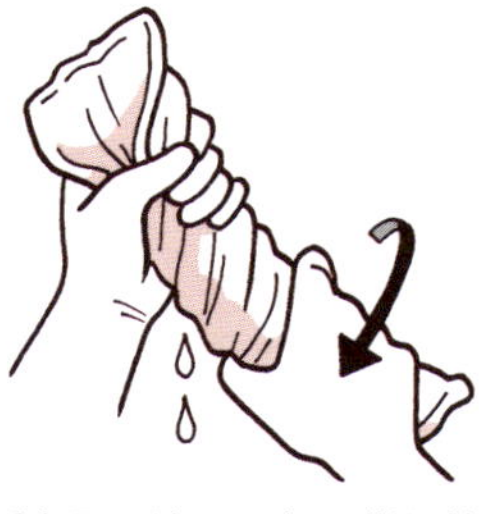

両手を互い違いにして縦に持ち、ひねって絞ります。

Point! 女性は縦絞りに

しっかり絞れれば横向きでもよいのですが、縦絞りは脇が締まるのでしっかり絞ることができます。

拭き掃除

拭き掃除の雑巾はしっかり絞って使いましょう。

拭き方

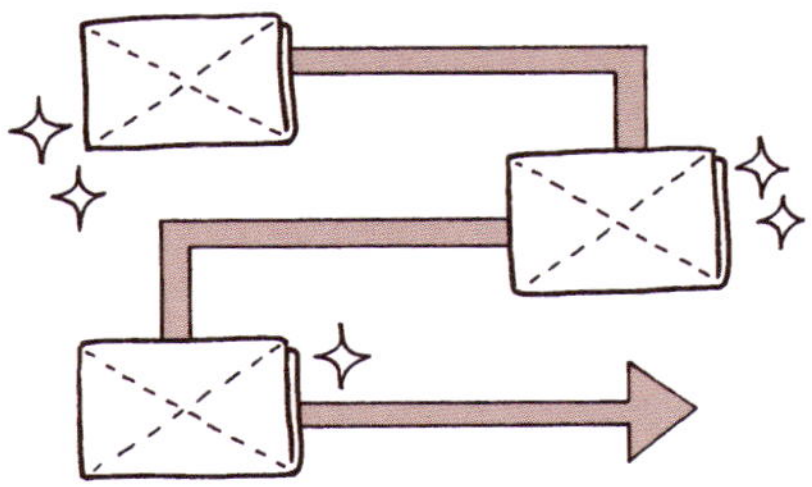

拭き残しがないように、テーブルなどはジグザグに拭きます。

バケツの水を捨てるとき

バケツの底をなでるように、くるっと触ると底にたまったごみを拾うことができます。すくったごみはごみ箱に捨てると、排水口の詰まりを防ぐことができます。

鉛筆の持ち方

鉛筆を正しく持っていると、きれいな字を書けるといわれますし、姿勢もよくなり、疲れにくくなります。そして、文字を書いている姿も知的に見えるなどのメリットもあります。

　先生が正しい持ち方をしていないと、子どもたちの持ち方への影響も出てきますので、自分の持ち方を見直してみましょう。

鉛筆の正しい持ち方

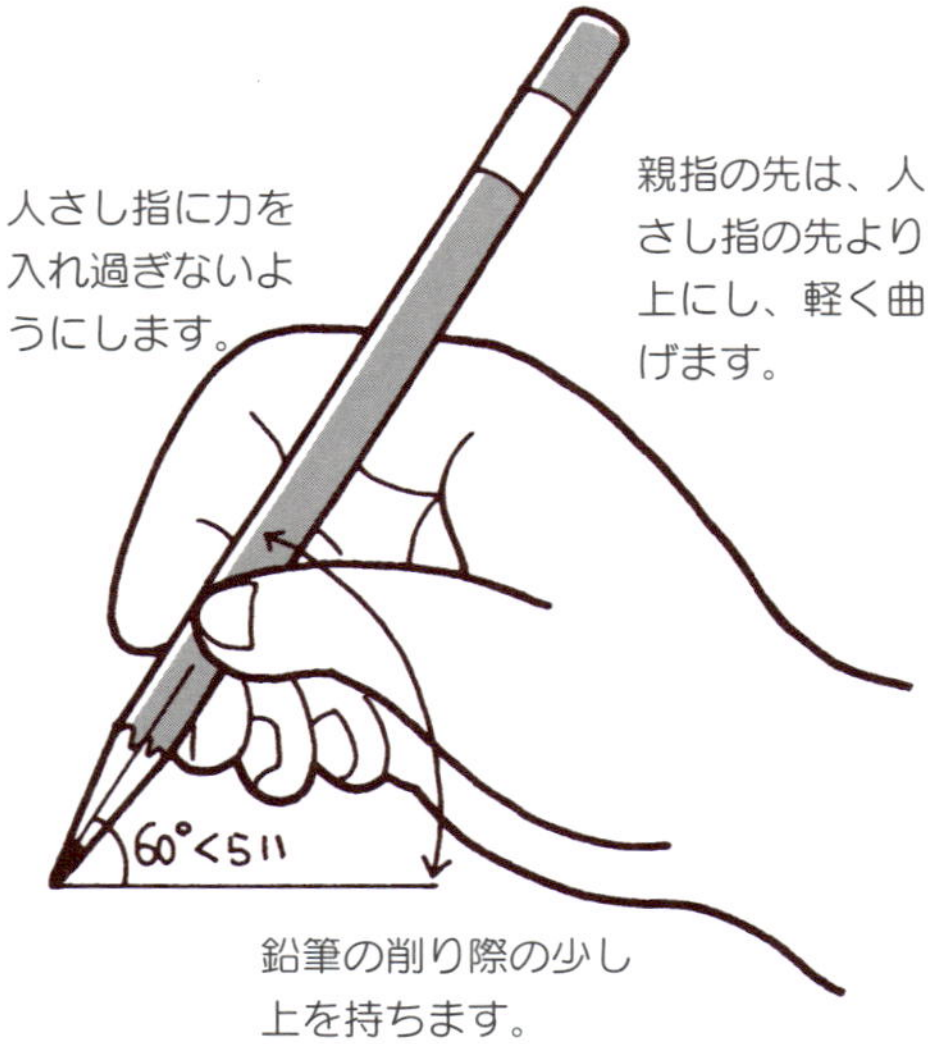
人さし指に力を入れ過ぎないようにします。
親指の先は、人さし指の先より上にし、軽く曲げます。
60°くらい
鉛筆の削り際の少し上を持ちます。

ボールペンの使いやすい持ち方

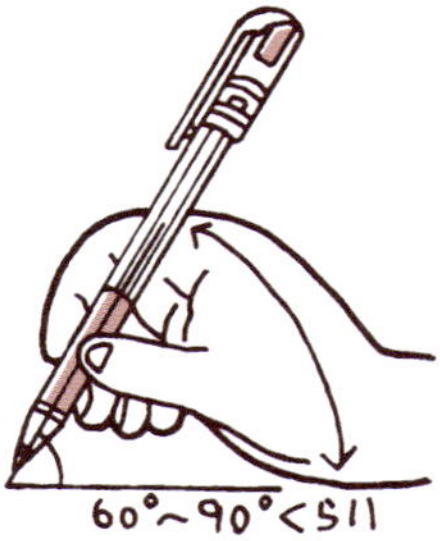
60°~90°くらい

持ち方は鉛筆と同じでよいのですが、ボールペンの構造上、筆記角度を60°～90°と少し立てるようにすると書きやすくなります。

子どもに多い間違えた持ち方

小学校でも指導がありますが、できれば持ち始めのころから正しい持ち方を身につけたいものです。気づいたときには指導しましょう。

ひもの結び方

遊びや生活の中で使うひもの結び方です。エプロンの結びがずれていることなどのないように気をつけましょう。

ちょうちょ結び

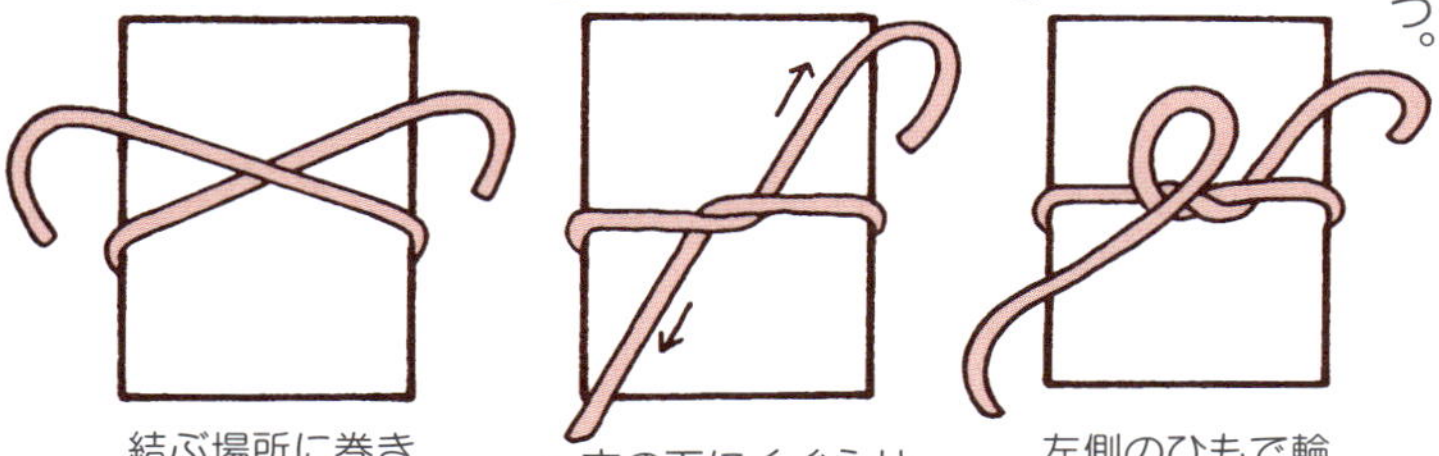

1 結ぶ場所に巻き交差させます。

2 一方の下にくぐらせ、斜めに引っぱります。

3 左側のひもで輪をつくります。

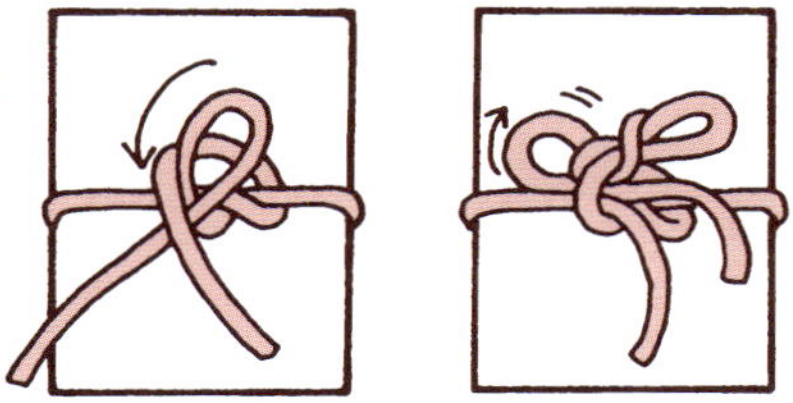

4 反対側のひもを奥から輪にかけます。

5 かけたひもを右手の親指で回したときにできた輪の中に押し込みます。

6 できたふたつの輪を引っぱります。

7 下のひもを引いて、形を整えます。

8 完成

巻き結び

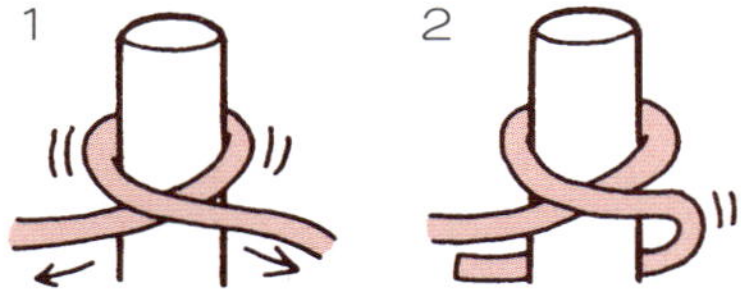

1 柱などにひもを巻きます。

2 同じようにもう1周巻きます。

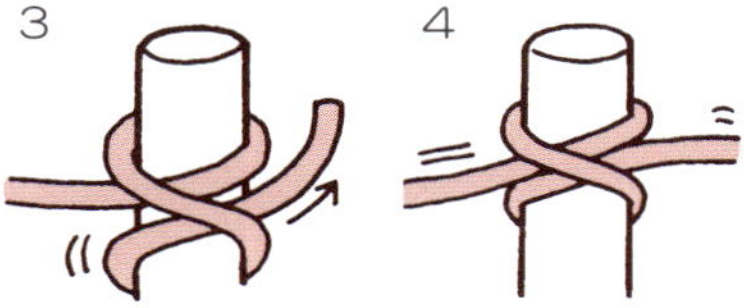

3 2回目の輪に端を通します。

4 通した端と反対側を引っぱります。

かた結び

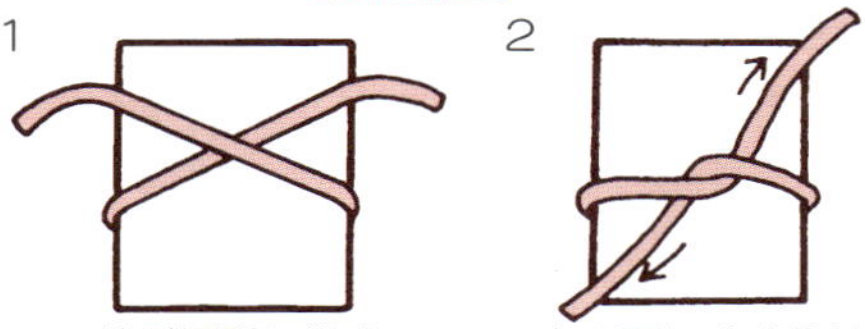

1 結ぶ場所に巻き交差させます。

2 一方の下にくぐらせ、斜めに引っぱります。

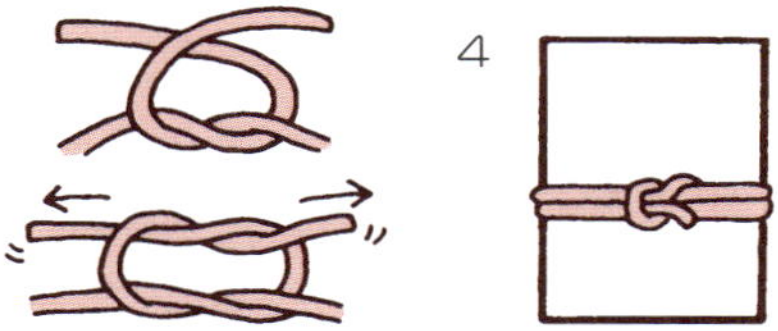

3 もう一度交差させ、一方のひもを輪の中にくぐらせ、両方のひもを引っぱります。

4 完成

食事のマナー

食事のマナーは、国や地域、文化によって違いますが、マナー本来の意味は、人に迷惑をかけないでみんなが楽しく食事をするためのものといわれています。

食育が重要視されているからこそ、先生も子どもと一緒に「食事をおいしくするためのマナー」を心がけたいものです。

箸と茶わんのマナー

箸の正しい持ち方

箸の間に中指を少し入れます。

箸の真ん中よりも少し上を持ちます。

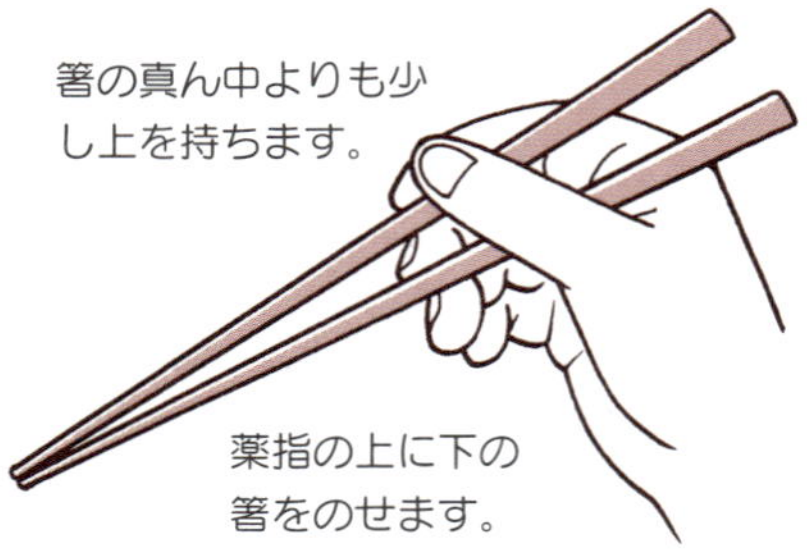

薬指の上に下の箸をのせます。

つかむとき

親指は動かさないようにします。

中指を上げるようにして、上の箸だけ動かします。

箸の取り方

箸の真ん中を持って持ち上げます。

左手を添えながら、右手をずらします。

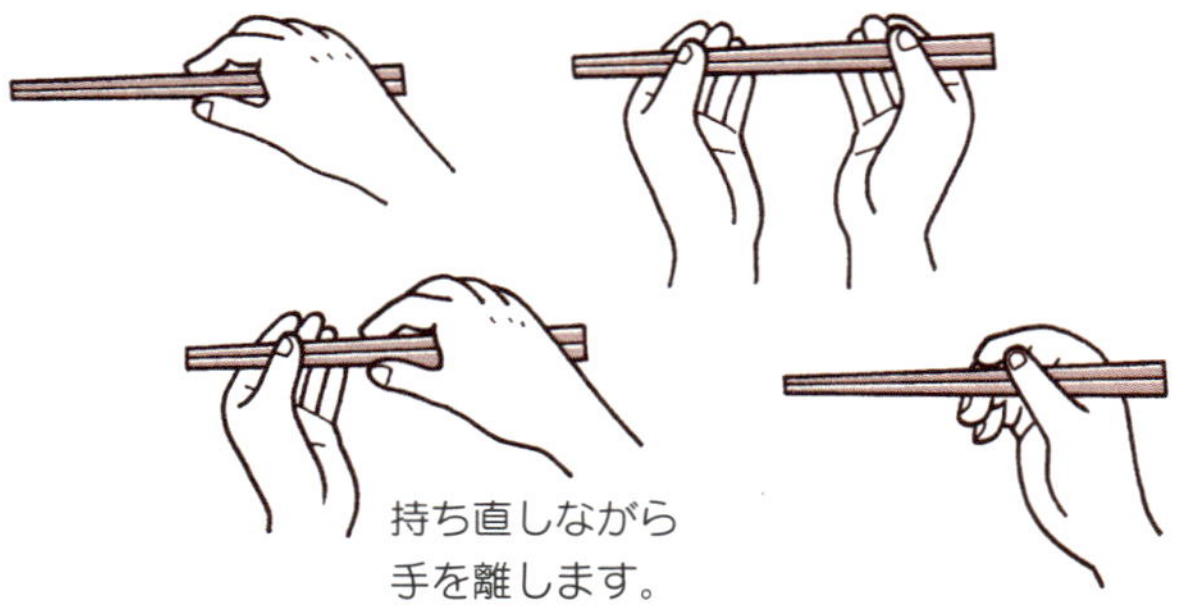

持ち直しながら手を離します。

茶わんの持ち方

親指以外の４本の指を糸底にそろえて当てます。

箸でしてはいけないこと

・握り箸
・寄せ箸
・探り箸
・ねぶり箸
・迷い箸
・仏箸
・箸渡し
・涙箸
・刺し箸
・渡し箸
・くわえ箸

正しい食べ方

食べ始めのあいさつをします。

いただきます

汁物は音を立てないで飲みます。

もぐもぐ

食べ物を口の中に入れたら、口を結び、よくかみます。

ひとつのものばかりではなく、バランスよく食べます。

ごちそうさま

食べ終わりのあいさつをします。

1皿ずつ出されるとき

料理は、出された順に食べます。盛りつけを崩さないように食べると上品です。

配膳（料理の並べ方）

和食

おかずは奥に、ご飯は左側、汁物は右側に置きます。箸は手前に置き、持つ方を右側にします。

おすしの上手な食べ方

ちらしずしは、わさびを溶かしたしょうゆを上から回しかけるよりも、端のネタからわさびをのせて、しょうゆをつけ、器に戻してからご飯と一緒に食べます。

握りずしは手でつまんでも、箸を使ってもよいのですが、食べるとき、いったん倒してからネタとご飯を挟むようにして持ち、しょうゆをネタにつけると食べやすく、上品です。

わん物のふたが開かないときは

無理矢理ふたを引っ張ると、塗りわんを傷つけてしまうことがありますので、おわんのふちに指先を添え、軽く握ります。食事が終わったあとのふたは、ひっくり返さずに出されたときと同じ状態にします。

丼物を食べるとき

天丼やうな重などは、器を胸の高さに持って食べます、重ければ置いたままで左手を添えます。

バイキングや立食パーティーでのマナー

食べ切れる量を取る

食べたい物を欲張って取りすぎ、残してしまうことのないように、食べられる分を取ります。山盛りは見た目が悪いですし、温かいもの、冷たいものなどが混ざってしまっても、おいしくありません。バイキングや立食パーティーでは、料理を何度取りに行っても構わないので、適度な量を取りましょう。

使った食器は飲食用のテーブルへ置くか係の人へ渡します

立食パーティーで、料理が並んでいるテーブルに使ったお皿を放置していることがありますが、マナー違反です。会場のサービス係の人へ直接手渡すか、飲食用のテーブルの隅などに置きましょう。お皿に残った物は、上の方へまとめるか、紙ナプキンで覆うのもよいでしょう。

壁際の椅子を占領しない

壁際の椅子は疲れた人や高齢者のために用意された席です。バックを置いて占領したり、長時間座ったりしないようにしましょう。立食パーティーならではの雰囲気を楽しむためにも、積極的に輪の中へ入りましょう。

出入り口付近、料理のテーブルの前では、立ち止まらない

ほかの人に迷惑がかからないよう、立食パーティーでは、出入り口や、料理が並んでいるテーブルの前では、立ち話をしないように注意しましょう。

洋食

テーブルマナーには、食事をおいしくいただくためのいくつかの決まりがありますので、覚えておくと便利です。

椅子に座る

椅子を引いてもらうときには、横に立ち、引いてもらうタイミングに合わせるように椅子の前へ。

椅子の左側から出入りをします。

押された椅子が脚に触れたら、腰掛けます。

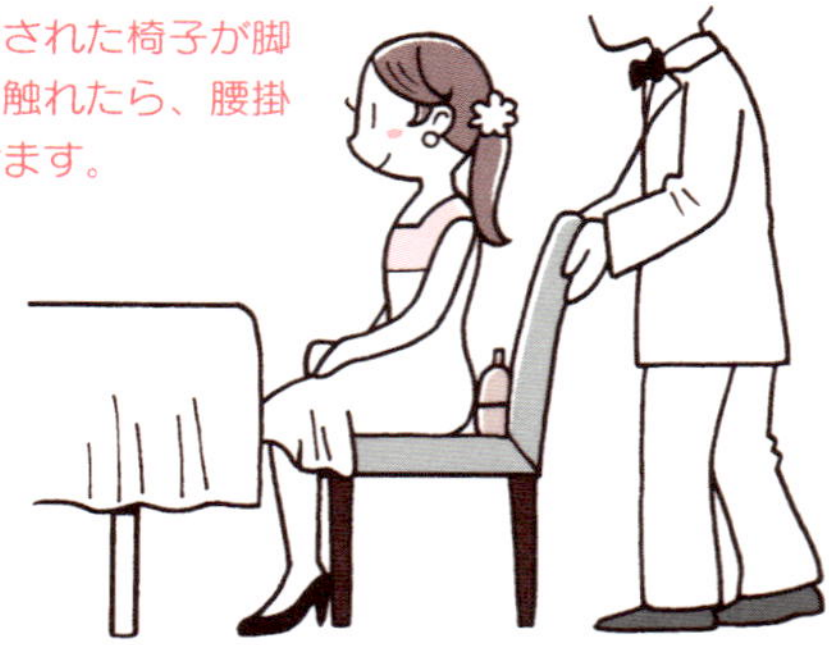

手荷物は椅子と背もたれの間に置きます。大きな荷物がある場合には、コートなどと一緒に預かってもらいます。

ナプキンは…

ナプキンは二つ折りにして、輪になった方を身体側にして膝の上に置きます。口を拭くときには、内側の角を使います。

覚えておきたい　食事のタブー6

- □ くちゃくちゃとかむ音、スープをすする音、食器が触れる音、ゲップなど、できるだけ音を立てない
- □ 髪の毛をいじりながら食べない
- □ 口に食べ物を入れたまま話さない
- □ 落とした食器は自分で拾わない
- □ できるだけ中座しない（どうしても席を立つときには「失礼します」とひとこと伝え、席を離れます）
- □ だらしのない姿勢で食べない（テーブルの上に肘をつく、脚を組む、食器に顔を近づけることのないように注意します）

サラダの上手な食べ方

野菜はフォークに刺して食べます。レタスなどの葉もの類は折りたたむか、ナイフで切ってフォークで刺すと食べやすくなります。

乾杯は目線で、食事は出された順に

乾杯の場面では、グラスはカチンと合わせません。目線の高さまで上げて、目を合わせて乾杯を。また、料理は出された順に食べます。

魚料理、肉料理は

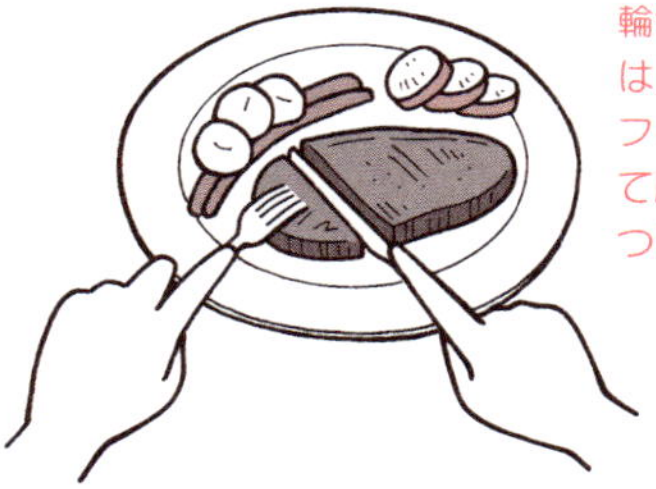

輪切りのレモンは、料理にのせ、フォークで押して風味と香りをつけます。

切り身の魚は左端から、一口ずつ切って食べます。肉料理も最初にすべて切らないで、左側から一口ずつ切って食べます。

パンの食べ方

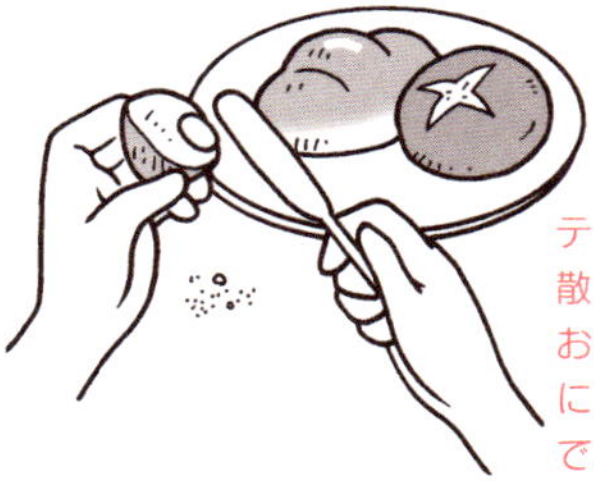

テーブルクロスに散ったパンくずは、お店の人がきれいにしてくれますので、そのままに。

パン皿の上で一口大にちぎって、食べます。料理にかけられていたソースをつけて食べるのもよいでしょう。

ナイフとフォークで食事終了のサインを

食事中はナイフとフォークをハの字に置きます。

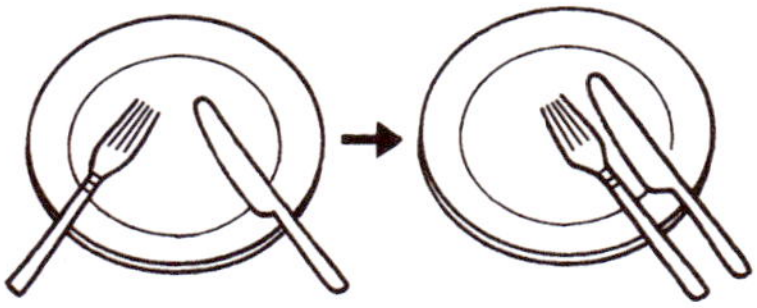

食事が終わったら、ナイフの刃は自分の方に向け、フォークの腹を上にしてななめに並べて置きます。

ご飯を食べるときはフォークの腹を使って

お皿は手に持たないこと。

ご飯をフォークで食べるときに、背にのせて食べることがありますが、上手にのせられないときには、フォークの腹で食べます。ご飯がすくいにくければナイフを使ってフォークにのせます。

電話のマナー

プライベートでの電話には慣れていても、園での電話応対になると緊張するなど苦手になる人も多いものですが、「明るく」「丁寧に」「正確に」対応すれば難しいことはありません。

園にかかってくる電話は、在園児だけでなく、業者、地域の人、系列園の先生、入園を考えている保護者…いろいろです。第一声は明るい声で、そして相手への気配りを忘れない、素敵な電話対応をしましょう。また、園にマニュアルがある場合には覚えておきます。

電話応対をするときにはメモとペンを用意します。

電話応対で注意すること

用件はあらかじめまとめておく

電話をかけるときには、あらかじめ話す内容をメモにまとめておくとスムーズです。

電話が突然切れたとき

取り次ぎをしてもらっている間などに突然電話が切れたときには、再度かけた側からかけ直すのがマナーです。理由がわからずに切れて、かけ直したときには「先ほど切れてしまったのですが…」と伝えます。

お待ちください…と保留が続くとき

保留のまま、3分程度待っていても出なければ、一度切り、再度かけ直しましょう。目上の人にかけるときや謝罪するときなどは、そのまま待っている方がよいこともあります。

セールスの電話を受けたとき

園のマニュアルに従いますが、セールスかどうかわからない場合には上司や園長に引き継ぐか、報告をして判断を仰ぎます。断るときには「申し訳ございませんが、そのようなお取り次ぎはいたしかねます」と伝えましょう。あくまでも、ソフトな態度で対応します。

相手に見えなくても笑顔で

感じのよい電話対応は第一声の明るい声ですが、姿勢や表情も大切です。相手に見えなくても悪い姿勢や態度では、相手に伝わります。

クレームの電話対応 p.94

電話のかけ方

1. 名乗り、あいさつをする

「☆☆さんのお宅ですか? ○○園△△くみの担任の□□と申します。いつもお世話になっております」

午前中の早い時間であれば**「おはようございます」**夕方以降遅い時間帯であれば**「遅い時間に申し訳ございません」**などの一言を。

2. 取り次ぎをお願いし、相手を確認する

家へかけるとき

「☆☆ちゃんのお母様はいらっしゃいますか?」

必ず相手を確認して話します。お母さんとお祖母さんを間違えて話し出してしまうことのないように、本人と思っても、「お母様ですか?」と確認しましょう。

相手が不在のとき

・「失礼ですが、何時ごろお戻りでしょうか?」などと戻り時間を確認し、「それではそのころに改めてお電話をいたします」と伝えます。

・**折り返し電話をかけてほしいとき**
「恐れ入りますが、お戻りになりましたら、折り返しお電話をいただきたいのですがよろしいでしょうか」と伝え、依頼します。

3. 名指し人が出たら再度あいさつをし、相手の都合を確認

「△△組の担任の□□と申します。いつもお世話になっております。今、少しお時間よろしいでしょうか?」

あらかじめ、話が長くなることがわかっているのであれば**「○分くらいお時間よろしいでしょうか」**と時間の目安を伝え、たずねます。

4. 用件を手短かに話す

5. お礼を言い、電話を切る

「お忙しい中、ありがとうございました。失礼いたします」など丁寧にあいさつをして、ゆっくり受話器を置きます。電話はかけた方から切りますが、相手が目上の場合には先方が切るのを確認してから切ります。

携帯電話へかけるとき

通常の業務時間内では、ほとんど携帯電話の使用はないと思いますが、園児の保護者の緊急連絡先に携帯電話が書かれていることも多く、保護者への連絡では、携帯電話へかけることもあります。

緊急時の連絡なので、丁寧な対応で時間を割くよりもスピードが求められますが、ときに、相手への配慮も必要です。

マキちゃんの
お母さんは
携帯に連絡ね

仕事中の保護者へかけるときに配慮すること

・相手が会議中や移動中のこともあります。

すみません、今
会議中で…

つながったら…

「お忙しいところ申し訳ございません、○○園、△△組の□□です。」

相手が名乗らなかったら

「もしもし、こちらは●●さんの携帯電話で間違いないでしょうか。」とたずねます。

↓

要件を簡潔に伝える

「★★ちゃんですが、食欲がなく、元気もないので体温を測ったところ、38.7℃ありました。お忙しいとは存じますが、早めにお迎えをお願いいたします」

↓

電話には出られたが、会話のできない状態の様子

「申し訳ございませんが、★★ちゃんの体調の件で、ご連絡がありますので、折り返しお電話をお願いいたします」と伝えて、連絡を待ちます。

・携帯電話に出ないとき

ブブブブ
ブブブブ

相手が電話に出ないときには、留守番電話にメッセージを残し、2番目の緊急連絡先へ電話をかけます。それでも、連絡が取れないときには、数分後にかけ直します。

電話の受け方

1. 電話に出る

「はい、○○園□□（名前）でございます」

明るい声で、丁寧に応じます。早朝であれば「おはようございます」のあいさつを添えます。

2. 相手の名前を確認する

相手「○○です」

相手の名前は必ず確認をしましょう。はっきり聞き取れなかったときには**「申し訳ございませんが、お名前をもう一度お願いできますか」**と言います。業者などへは必要に応じて**「○○さまですね」「いつもお世話になっております」**などを伝えます。

3コール以内で出ます

電話が鳴ったら、できるだけ3コール以内で出ましょう。それ以上の場合には「お待たせいたしました」の一言を。

取り次ぎの場合

3. 取り次ぐ

「○○（先生）ですね。少しお待ちください」

保留の時間は30秒以内を目安とします。それ以上待たせてしまうようであれば、**「園内にはおりますが、席を外せません」**と伝え、再度電話をもらえるかを聞きます。

4. 用件、伝言があれば聞き、メモをとる

場合によっては**「折り返しお電話を差し上げてよろしいでしょうか」**と確認をします。聞き受けた用件は必ず復唱します。

5. 電話を切る

「お電話ありがとうございました。では、失礼いたします」

電話はかけたほうから切るのがマナーですので、相手が切るのを待ち、受話器を置きます。

自分あての場合

3. 名乗る

「はい、わたくし○○です」

取り次いでもらったとき**「はい、お電話代わりました○○です」**

待たせたときには**「お待たせしました」**を言います。

4. 用件を聞き、復唱、名前を伝える

期限があることや大切なことは、必ず復唱して、確認をします。必要であればメモをとりましょう。

5. 電話を切る

「お電話ありがとうございました。失礼いたします」

状況に応じて**「よろしくお願いいたします」**など言葉を選びましょう。

電話でのクレーム

クレームの電話では、誰が初めに受けても的確な対応が求められます。「○○だと思いますが…」や「～ではないでしょうか」など個人的な意見は言わないよう注意します。相手は感情的になっていますので、冷静に落ちついた対応を。まずは、言い分をよく聞きます。

電話版　クレーム対応の基本

その1

保護者からのクレーム

1. 何に対して、どのように怒っているのかをよく聞き、事実確認をします。

2. メモをとり、復唱しながら内容の確認をします。

3. 連絡先を確認し、今後の対応について伝えます（いつまでに、どのようにします　など）。

4. 上司に報告して今後の対応を決め、早急に対応策を伝えます。

※担当者に引き継ぐ場合でも、長引きそうであれば、いったん電話を切ってかけ直します。

その2

地域の人からのクレーム

1. 「どちらさまでしょうか。（相手を確認する）」

2. 「どのようなご用件でしょうか。（内容を確認する）」

3. 「わかりました、お電話くださってありがとうございます。園長に必ず伝えて対処いたします。（お礼と見通し）」

4. （必要に応じて）「それでは、こちらからご連絡いたしますが、連絡先を教えていただけますでしょうか？」

5. 「ありがとうございました。それでは失礼いたします。」

※園長を直接指名した場合は、「少々お待ちいただけますか」と間をつなぎます。そこで話がすめば、連絡先を聞く必要はない場合もあります。

感じのよい 電話でよく使う言葉&フレーズ

自分の呼び方

わたくし
男性でも女性でも基本は「わたくし」です。

園全体を含めた意味のとき
わたくしども

自分の勤務している園

当園（とうえん）
業者や役所の人、通園に関係していない人などへ使います。
通園している保護者へは「園」で伝わります。

聞き取りにくいとき
→恐れ入ります。少々お電話が遠いようです…

聞き取れなかったとき
→恐れ入りますが、もう一度お願いできますでしょうか。

待たせるとき
→少々お待ちいただけますか？

かけ直すとき
→こちらから折り返しお電話をいたします。

了承するとき
→かしこまりました。
承知いたしました。

電話番号を尋ねるとき
→念のためお電話番号をお願いできますか？

断わるとき
→残念ですが（申し訳ございませんが）、○○いたしかねます。

質問するとき
→少々お尋ねしたいのですが

手紙のマナー

コミュニケーションをとる方法として、代表的な手紙。携帯電話、メールなどが主流になった今、きちんとした手紙を書くことが少なくなりました。また、かしこまった手紙を書くことへの苦手意識を持った人もいるかもしれませんが、心のこもった手紙を受け取ることは、とてもうれしいものです。

　手紙は、書き方のポイントを押さえれば、難しいことはありませんので、日頃のお礼や贈り物へのお礼、また、おわびやお願い…など用途に応じて書いてみましょう。

宛名の書き方

相手の名前など、書き間違えて失礼のないよう、読みやすい字で丁寧に書きましょう。

和封筒　切手は１～３枚までが理想です。

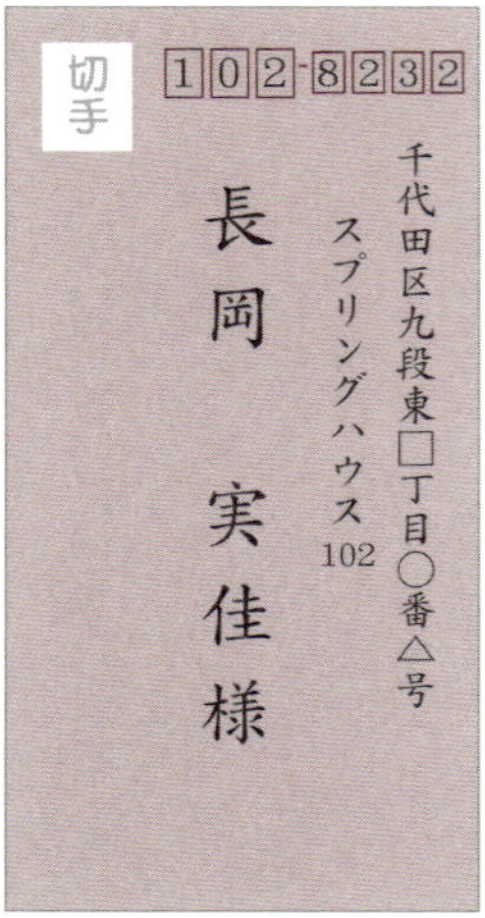

宛名

郵便番号の１㎝ぐらい下から住所を書き始めます。市町村や区名は省略してはいけません。「○丁目□番地△号」が丁寧ですが、見やすければー（ハイフン）でも可。２行目は１行目より少し下げて書きます。名前は、住所より一文字下げた位置に書きます。「様」などの敬称は、名前と同じか、少し大きめにします。連名の場合にも「様」は一人ひとりにつけます。

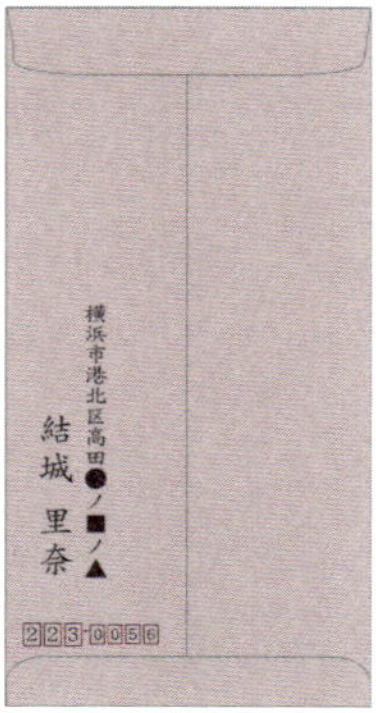

右側に住所、左側に住所より大きい字で名前を書きます。郵便番号は必ず書きましょう。

洋封筒

切手は１枚が理想です。右上に貼ります。

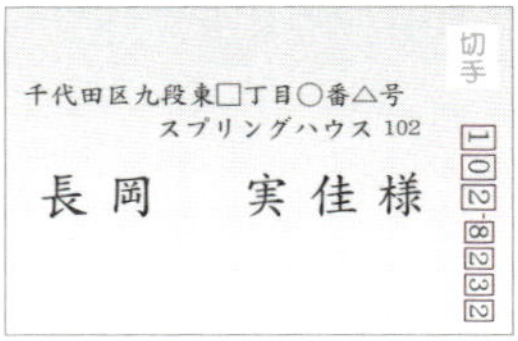

郵便番号は、縦書き同様、枠と同じ方向に書きます。住所は算用数字にし、２行でまとめます。宛名は、封筒のほぼ中央に大きめに書きます。

封筒の下１／３のスペース、下部の中央におさまるように書きます。

ていねいな手紙の書き方

長寿の御祝いの手紙例

封をする前に、書いた内容はゆっくりと読みなおしましょう。

①頭語
行の一番上から書きます。
改まった相手には「拝啓」「謹啓」などを使います。②～③を省略する場合には、「前略」。

④末文
相手の健康や活躍を祈り、結びのあいさつをします。

⑥後づけ
日付、署名（フルネーム）、宛名の順に書きます。

---

①頭語

謹啓

②時候のあいさつと、相手の健康や安否を気遣う言葉（前略のときには不要）

春の光がうららかな季節となりました。ご無沙汰しておりますが、大津先生におかれましては、いかがお過ごしでいらっしゃいますか。

③主文

このたびは古稀を迎えられ、まことにおめでとうございます。

ご家族の皆様も、さぞかしお喜びのことと拝察いたします。

クラス会でお目にかかるたび、どんどん様変わりしていく私どもに比べ、いつも変わらぬ先生のお若いご様子に、古稀のお祝いはまだ先のことと思っておりました。

また、先生の賀宴にご招待いただき、ありがとうございます。当日はぜひお伺いいたしますが、とりあえず書面にてご祝詞を申し上げます。

④末文

いつまでもお元気で、またお祝いを重ねられますようお祈り申し上げます。

⑤結語

敬白

⑥後づけ

三月二十七日

岡田准子

大津元子先生

---

⑤結語
頭語と対になっています。
一般的な手紙：拝啓ー敬具
あらたまった手紙：謹啓ー敬白
返事の手紙：拝復ー敬具
前文を省略する手紙：前略ー草々
急用の手紙：急啓ー草々
などがあります。

③主文（手紙の本題）
「さて」「このたび」「ところで」などで書き起こし本文へつなげます。

②時候のあいさつ
季節感を感じさせる言葉（p.99参照）と、相手の様子を尋ねる言葉を書きます。

年賀状

年始のごあいさつとして、上司、先輩、同僚や親しい人、親戚などへ年賀状を出しましょう。パソコンが普及し、年賀状のほとんどがプリントになっていますが、自分の言葉でひとこと手書きメッセージを添えて出すようにします。

①あけましておめでとうございます

②昨年は大変お世話になり、ありがとうございました。
本年もどうぞよろしくお願い申し上げます。

③平成○年　元旦

④昨年はクラスを受け持ち、保育者としての厳しさも楽しさも感じることができた一年でした。まだまだ学びながらですが、全力で仕事をしていきたいと思いますので、ご指導よろしくお願い申し上げます。

年賀状文面見本

①**賀詞**は「謹賀新年」「謹んで新年のお祝いを申し上げます」などがよいでしょう。「賀正」「迎春」などもありますが、２文字の賀詞は、簡略しているので、目上の人に出すときには失礼です。

②**昨年のお礼と新年度のあいさつ**を入れます。年が明けてはじめてのあいさつですので「去る」という言葉を避けます。×「去年」→○「昨年」・「旧年」

③**日付**　年号から書きます。元旦を過ぎて出す場合には入れません。

④**手書きの一文**を入れましょう。上司には新年の抱負などもよいでしょう。昨年度の感謝の気持ちなど、心に響くメッセージを。

年賀状で注意したいこと

年賀はがきのデザインは相手の年齢や立場に合わせます。プライベートの話をする人以外には、ペットや家族写真などは控えましょう。

遅くとも１月３日までには届くように、早めに出します。出していなかった人から届いても、年賀状は１月７日を目安とし、それ以降には「寒中見舞い」として出します。

こんなとき どうするの？

園児から年賀状をもらったときはどうするの？

このごろはメールなどでの年始のあいさつが多いようですが、保護者や子どもから年賀状が届くこともあります。園のきまりがあるときには別ですが、喪中でなければ、返信するのが礼儀です。年長組になれば字を書くことに興味を持つ子どもも多いので、先生からの年賀状はきっと喜びますし、また返事を書こうとするかもしれません。

担任、クラスの子どもたち全員に送る保育者もいるようです。職員の間でなるべく大きな差がでないように前もって打ち合わせておくのもよいでしょう。

手紙でよく使う時候のあいさつ

	文頭・書き出し文例	結びの言葉例
1月	新春の候／厳冬の候／格別の寒さが続きますが～	寒さ厳しき折、くれぐれもお体をおいといください。
2月	立春の候／晩冬のみぎり／ほのかな梅の香りに春を感じる今日このごろ～	幸多き春の門出となりますよう、お祈り申し上げます。（進級進学の季節に向けて）
3月	早春の候／春陽の候／春の光がうららかな季節となりました。～	新生活がますます実り多きものになりますよう、ご祈念申し上げます。
4月	陽春の候／仲春の候／春深く、木々の緑がまぶしい季節になりました。	花冷えの候、体調を崩さぬようお気をつけください。
5月	若葉の候／五月晴れの空に～／風薫る季節、	さわやかな季節、公私ともにご活躍を期待しております。
6月	梅雨の候／夏至をすぎ、日差しも夏めいてまいりました。／あじさいの美しい季節になりました。	思わぬ梅雨寒に、どうぞ夏かぜなどお召しになりませんように。
7月	盛夏の候／暑さいよいよ厳しき折／夏たけなわ、～	暑さ厳しき折柄、お出かけなどでお疲れが出ませんようご自愛ください。
8月	晩夏の候／酷暑のみぎり／立秋とは名ばかりで～	そろそろ夏のお疲れが出る時節と存じます。くれぐれも体調にはお気をつけください。
9月	初秋の候／新秋の候／日ごとに秋気が深まりゆくこのごろ	台風の多い季節です。何卒ご用心くださいませ。
10月	秋月の候／さわやかな秋晴れの季節となりました／秋冷の候	行楽、読書、スポーツなどが楽しい季節です。どうか実り多き秋を過ごされますように。
11月	暮秋の候／紅葉の美しい季節となりました／穏やかな小春日和が続いております	朝夕の寒さが厳しい折柄、どうぞおかぜなど召しませぬように。
12月	師走の候／朝夕の寒さが身にしみるようになりました／年末も近づき、何かとお忙しいことと拝察いたします。	本年中はいろいろとお世話になりました。明年もどうかよろしくお願い申し上げます。

来客対応のマナー

保育の現場の来客としては、業者、入園を考えている保護者や見学者、役所の人（行政の担当者）、教育委員会、また地域の方などがあります。来客の目的と自分の状況を考えて、自分が対応するか、ほかの職員に頼むかを判断します。

どんな来客でも丁寧に対応することが原則ですが、中には売り込みに来る業者もいますから、きっぱりと断ることも必要になります。中途半端に受け答えをしているとしつこく食い下がられることもあります。逆に業者だと思って対応していたら、保護者だったという場合もあるかもしれません。まずは、「ご用件はどのようなことでしょうか？」とはっきり聞くことが大事です。

保育中の場合は、応対できないので、園長や主任などにつなぐ必要があります。場を離れるときは必ず、ほかの保育者にそのことを告げていきます。また、顔見知りの方でないと、どんな方が来客なのかを尋ねないとわからないことが多いので、まずは「どちら様でしょうか？」と丁寧にお聞きします。

園の来客に対してやってはいけないこと

あいさつをしない　　必要以上にジロジロ見る　　人によって態度を変える

小さなことでも、保育者１回の態度やしぐさが、園全体の評価につながることがありますので注意しましょう。

お客様を案内するとき

1. 出迎える

約束をしていた来客には、「いらっしゃいませ」「お世話になっております」と明るく笑顔であいさつをして迎えます。

取り次ぐとき

「○○の△△様でいらっしゃいますね。お待ちしておりました。ただいま□□を呼んでまいりますので、少しおまちください」と名前を確認します。

突然の来客には、名前や社名などを聞いた上で、「失礼ですがどのようなご用件でしょうか？」と訪問の用件を確認します。担当者に取り次いで指示を仰ぎます。

2. 案内する

「お待たせいたしました。◎◎へご案内いたします。こちらへどうぞ」と歩き出す方を手で示し、お客様を先導します。案内者はお客様へ背を向けないよう、２～３歩斜め前を歩きます。誘導の際、必要に応じて園内の様子や雰囲気を説明してもよいでしょう。

Point! 段差があるときは

「段差があるので、お足元にお気をつけ下さい」など、ひとこと添えます。

3. 入室

入室前にノックをして、誰もいないことを確認し、ドアを開けます。

上座の近くまで案内をし「どうぞこちらへおかけください」と着席をすすめます。

上座（奥のソファー）に案内をします。

4. 退出

お客様が着席したら、「○○は間もなく参りますので、少しお待ちください」と声をかけて一礼をし、退出します。

お客様にお茶を出すとき

お茶を出すということは、お客様のおもてなしをすることです。来てくださったお客様へ心を込めて丁寧に出しましょう。

　誰がお茶を出すかは、職場の環境によって違いますが、特に決まっていなければ、若手だけ、女性だけ…に限らず、手の空いている人が出すようにしたいものです。

　また、お客様が帰ったあとの片付けは、使用した人が行うのがよいのですが、忙しくてそのままになっているときなどには、見つけた人が進んで片付けるようにしましょう。

出すと良い飲み物

一般的には、日本茶、コーヒーや紅茶など。夏の暑い日には、冷たい麦茶などもよいでしょう。

おいしい日本茶の入れ方

準備するもの

お茶…急須、茶わん、茶たく／コーヒー・紅茶…カップ＆ソーサー、スプーン、砂糖、ミルクなど／その他：お盆、ふきん、コースターなど

お湯の温度は茶葉によって違いますので確認しておくとよいでしょう。

①

はじめに急須と茶わんにお湯を注いで、器を温めておきます。
器が温まったら、急須と茶わんのお湯を捨て、茶葉を急須に入れます。

②

茶わんにお湯を入れ、それを急須に注ぎます。

③

おいしさの成分が出るまで少し待ってから、濃さが均一になるように少しずつ均等に注ぎ分けます。

お茶を出す手順とポイント

1. お茶を運ぶ

お盆に、お茶をセットし、胸の高さに持って運びます。ひとり分でも必ずお盆にのせて運びます。

2. 入室する

ドアをノックして「失礼いたします」と声をかけて入ります。

基本はお客様の右後ろから出しますが、出しにくければ左や前からでもよい。お盆を置く場所があれば、お盆は置いて両手で出します。

3. お茶を出す

お客様の右後ろ側から右手で出します。2名以上いるときには上の人から順番に出し、そのあと身内側（園内の人）に出します。

4. 退室する

お盆を脇に持ち、ドアの前で「失礼します」とおじぎをして退室します。

お茶出しのタイミング

お客様と担当者のあいさつ、名刺交換が終わって着席したあとがよいでしょう。また、お客様をひとりでお待たせするときには、先にお客様の分だけを出し、その後担当者が入室したら、担当者の分を出します。

飲み物の置き方

お茶

茶わんの絵柄をお客様の方へ向けます。茶托に木目があるときには、木目を横にします。

コーヒー、紅茶

カップに絵柄がついているときには、絵が正面に来るように置きます。全面に柄がついているもの、特に絵柄がついていないものは、取っ手が右側に来るように置き、スプーンは柄を右側にして手前に置きます。砂糖やミルクはソーサーの上か、別の容器に入れて。カップの取っ手の位置については、左側にして出しても間違いではありません。

冷たい飲み物

コースターを敷いて、出します。ストローを出すときには手前におくとよいでしょう。

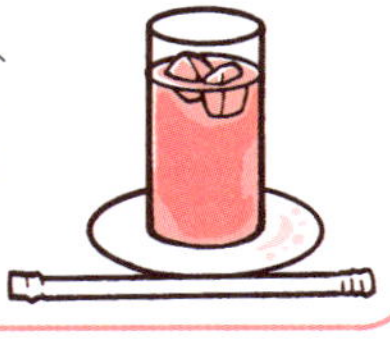

入れ替えのタイミング

来客時間が長くなるときには、1時間半ぐらいを目安にお茶を入れ替える配慮も必要です。あらかじめ担当者と話をしておくとよいでしょう。2杯目は1杯目と別のものにするのもよいでしょう。

乗り物のマナー

お客様や上司と乗り物に乗るときには、相手に配慮した席次で移動します。それぞれの上座を覚えておくと便利です。

タクシー

運転席の後ろが上座、助手席が末席です。男性は女性を先に乗せます。助手席は若手が座り、運転手に目的地を伝え、支払いをします。

> **マナー＋α**
>
> 身体の大きな人や年配の人の中には、奥の席を好まない場合もありますので、臨機応変に対応をしましょう。

スマートな乗り方

お尻（腰）から入って、足を最後に入れて乗ります。女性の場合、乗るときに洋服の乱れが気になる場合には「お先にどうぞ」と同乗者に譲りましょう。タクシーでは運転手さんに「お願いします」「ありがとうございました」を言いましょう。

上司やお客様が運転する場合

助手席が上座になり、運転者への敬意を。また、訪問先の若手の方が運転する場合には、気を使わせないように同格の若手の人が助手席に乗るとよいでしょう。

到着後は、降りてから丁寧にお礼を言います。

電車

椅子が２列のときは、窓側が上座、通路側が下座になり、３列のときには真ん中が一番下の人の席になります。席を向かい合わせたときには、進行方向に向いた窓側が最上席です。

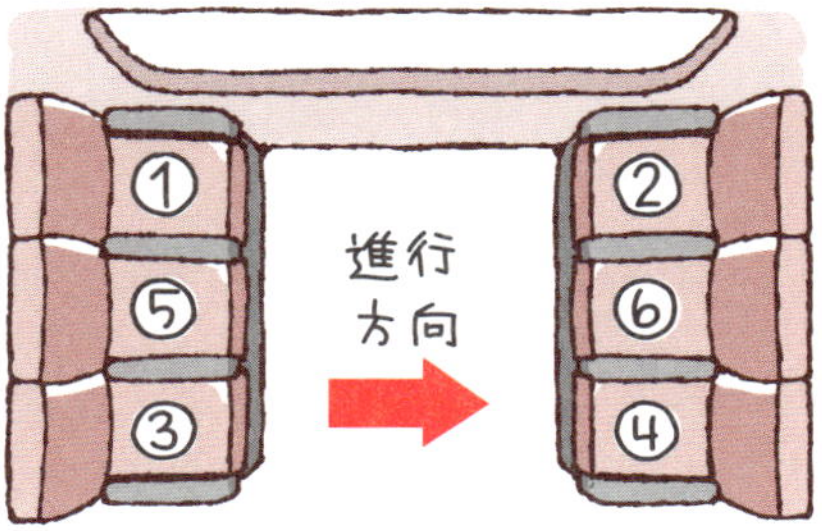
①
⑤
③
進行方向
②
⑥
④

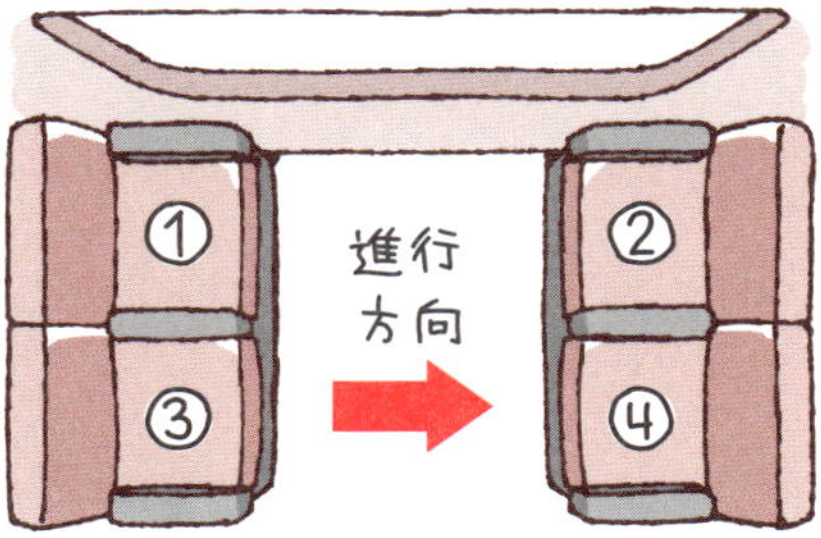
①
③
進行方向
②
④

失礼します 倒します
前を失礼いたします

シートを倒すときにも後部座席の人に一声かけましょう。

列車などで、隣の人の席の前を通るときには「前を失礼します」と一言断りましょう。

エレベーター

入り口から見て左奥が上座、次にその右という順になります。操作盤の前が下座です。目上の人から先に乗ってもらいます。目上の人と乗った場合には自分が操作盤の前に立ち、ドアの開閉などをします。
混み合っていて、自分が先に乗った場合には「お先に失礼します」を忘れずに。

操作盤がひとつの場合

③
④
②
①

操作盤がふたつの場合

④
③
②
①

園児とともに電車を利用するときのポイント

園外保育で、公共の交通機関を利用することがあります。電車やバスに子どもたちを乗せて移動する場合の注意事項を覚えておきましょう。

①園外保育は十分に計画を練る

事前に下見を行います。

- 駅構内、駅（停留所）までの状況の確認
  階段やホームなどの状況、段差や気をつけておく場所など、必要に応じて駅員さんへも確認しておきます。
- 切符も事前に購入するようにし、当日子どもたちを待たせることのないようにします。

②一般利用者の迷惑にならないようにする

- できるだけラッシュの時間帯は避け、空いている時間帯及び場所を選びます。

③事故防止への配慮

- 園外に出ることで子どもたちは興奮気味なので、浮かれ過ぎて事故にならないように乗り降りの際や車中では十分気をつけます。

④子どもへの事前指導

- 車中でうるさくしない、つり革にぶら下がらない、必要以上に立ったり座ったりしないなどマナーについて話しておきます。

⑤引率は職員複数で行う

- 何か起こったときの対応を含めて、引率の保育者は担任だけでなく、応援職員にも引率を頼みます。子どもたちが歩く列の要所につくように担当を決めておきます。

席次の基本

応接室や食事の席など、座る席には「上座」と「下座」があります。乗り物のマナーと一緒に覚えておきましょう。

応接室

会議室

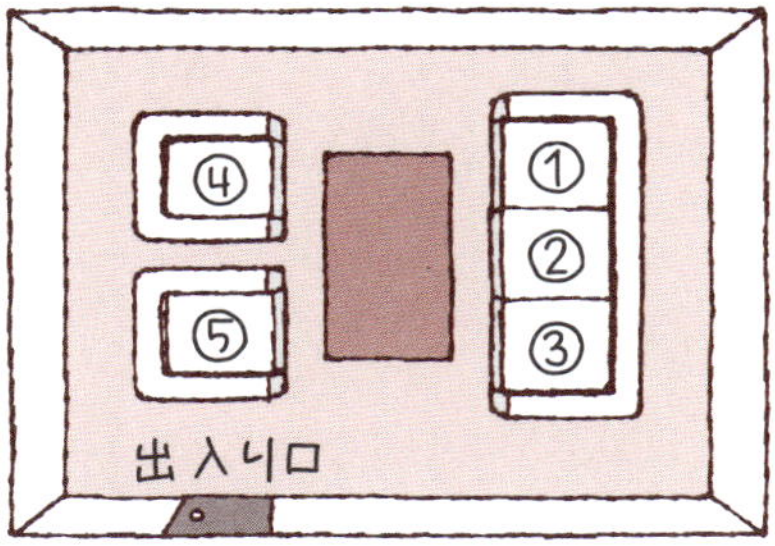

和室

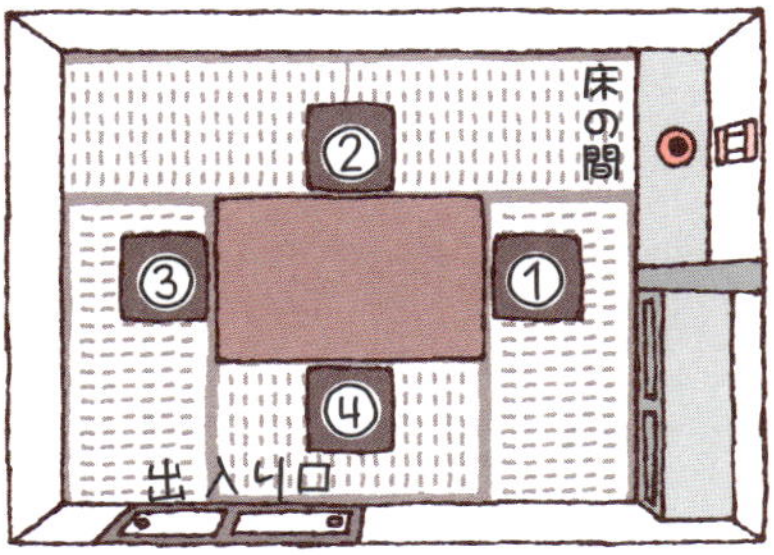

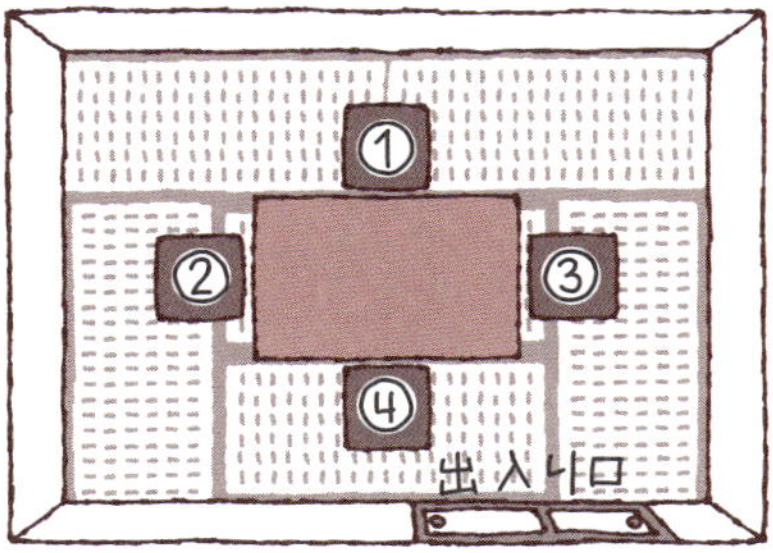

洋室

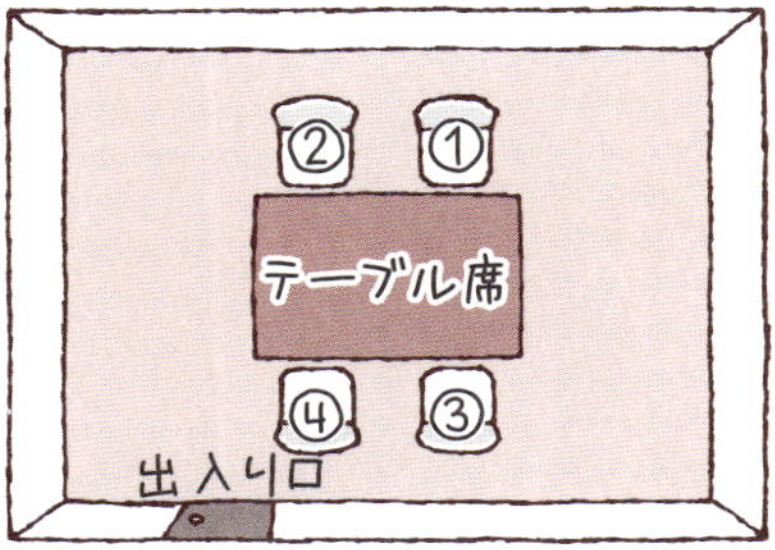

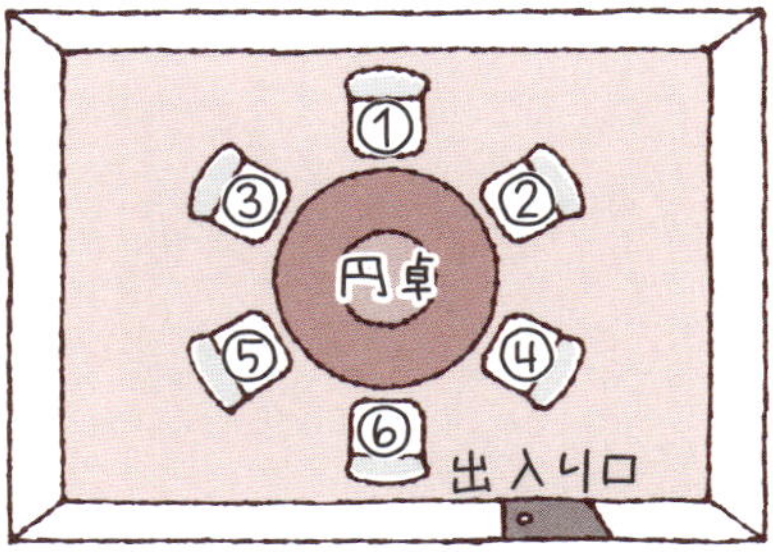

Point **上座とは** 出入り口から遠い席が上座です。地位の高い人、目上の人から上座に座ります。

訪問のマナー

訪問をするときには、相手の都合を聞いて、迷惑をかけないようにします。個人宅への訪問は、プライベートな空間ですので、相手側への配慮も忘れないようにしましょう。

訪問するまで

・時間の約束

突然の訪問は非常識です。招かれていないときは、必ず事前に約束をしましょう。訪問の時間帯としては、食事や、その支度にかかる時間帯は避け、午前であれば 10 ～ 11 時、午後であれば 1 ～ 4 時を目安にします。また、前もって○時くらいまでには帰りますので…と帰りの時間も伝えておくとよいでしょう。

・手土産

相手への気遣いとして、手土産を用意します。あまり高価なものは、相手に気を使わせてしまいますので、2000 円程度でよいでしょう。もらって困らないものを考えるとお菓子や果物、お茶などの飲み物、お花などを選びます。訪問先の近所での購入は、“間に合わせ”の感じがあるので避けましょう。

・服装

目上の人のお宅であれば、ジーンズなどラフな格好は避けます。また、和室に通されることも考えると、タイトスカートではないほうがよいでしょう。

到着したら

約束の時間前に到着しても、チャイムは鳴らさないようにしましょう。また、家の中に上がるときも、冬であれば、チャイムを鳴らす前に、マフラー、帽子、コートを脱いでおきます。

脱いだ上着（コート）のたたみ方

①

両手を両肩の部分に入れます。

②

手首をひねるようにして肩の部分から裏返しにします。

③

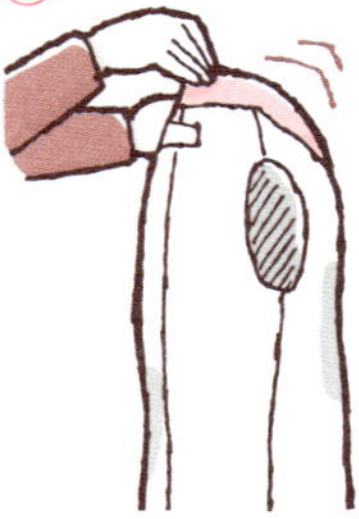

肩の部分を合わせてふたつに折ります。

④

手にかけて持ちましょう。

お土産を渡すとき

部屋に通されてあいさつをすませてから、渡します。「どうぞ、お召し上がりください」などと言いながら両手で差し出します。

お手洗いを借りるとき

訪問後すぐに借りないよう、事前にすませておきましょう。相手がお茶を用意しているときや、帰り際などにタイミングをみて「お手洗いをお借りしてもよいでしょうか？」と言いましょう。

履物を脱ぐとき

履物は前を向いて脱いでから、お迎えの人に背を向けないようにして体の位置を変え、履物を玄関の端にそろえます（イラスト上）。
履物をそろえることが難しい場合には、はじめから後ろ向きに脱ぎましょう（イラスト下）。

座布団と敷居、畳のへりは踏まない

和室に通されると緊張してしまうこともありますが、畳のへりと敷居を踏まないように注意しましょう。また、座布団も大切に扱い、投げたりその上を歩いたりしません。

冠婚葬祭のマナー

社会人になると、先輩、同僚、友人などの周囲の人の、結婚や出産…人生の大きなイベントや、身内のお祝い事など様々な出来事があります。それは、これからの生活の中で、何度も経験することであり、社会人として恥ずかしくないよう身につけておきたいことです。内容によっては、改めて誰かに聞くことがなかなかできないこともありますので、基本的なことは覚えておきましょう。

冠婚葬祭とは…

昔から日本にある4つの大切な儀式のことです。

冠 は成人の儀として、成人を機に装いを改め、男子は冠をつけたことに由来します。現在では、誕生（出産）成人式、長寿の祝いなど人生の節目のお祝い事をさすこともあります。

婚 結婚式のこと。神前で式をして、自宅以外の場所で披露宴を行うようになったのは、明治以降のことといわれています。儀式の中でも歴史が浅いといわれるわりには、マナーなど多くの約束事があります。お祝いの席で恥ずかしくないようにしたいものです。

葬 葬儀のこと。通夜から納骨までの一連の儀式をさします。弔問の装いや、宗派による葬送違いも知っておくとよいでしょう。

祭 お彼岸や周忌法要など祖先を祭ることをさします。

覚えておきたい主な慶弔

	事柄
子どもの祝い	出産
	御七夜／命名
	初宮参り
	初節句
	七五三
	入園／入学
	卒園／卒業／就職
	成人
日常のつきあい	年賀／お年玉
	お中元
	お歳暮
	新築（引っ越し）
	賀寿
	歓送迎
	陣中見舞い
	病気見舞い
	快気祝い
	災害見舞い
弔事	通夜
	葬式
	法要

現金の包み方

慶事　お祝い事では新札を入れ、表書きの名前などは濃い墨で書きます。

＜結婚＞

表

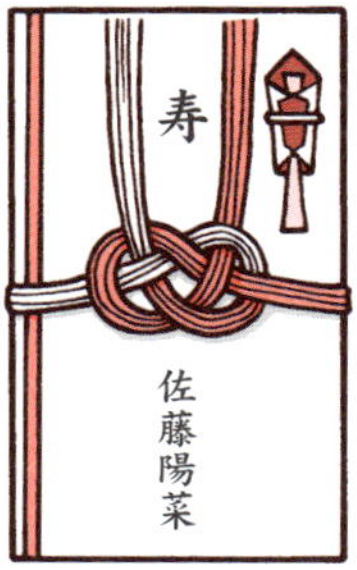

寿
佐藤陽菜

金銀が紅白の結び切り

表書きの書き方（連名の場合）
３人までは、年齢順に右から名前を入れます。４人以上の場合は、代表者名と「他〇名」または「外一同」とし、中包みに全員の名前を入れます。

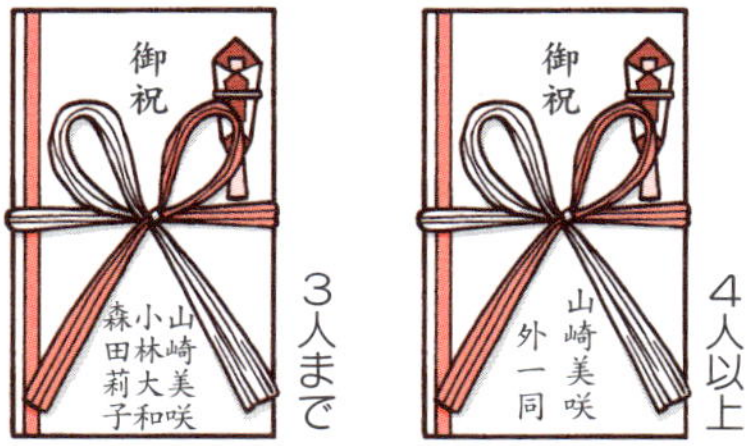

御祝
山崎美咲
小林大和
森田莉子
３人まで
御祝
山崎美咲
外一同
４人以上

Point!　何回あってもよいお祝い事には「蝶結び」、一度きりのほうがよいことは「結び切り」と覚えておきましょう。

御祝
佐藤陽菜

紅白の蝶結び

裏

上包みは下を上に重ねます。

中袋

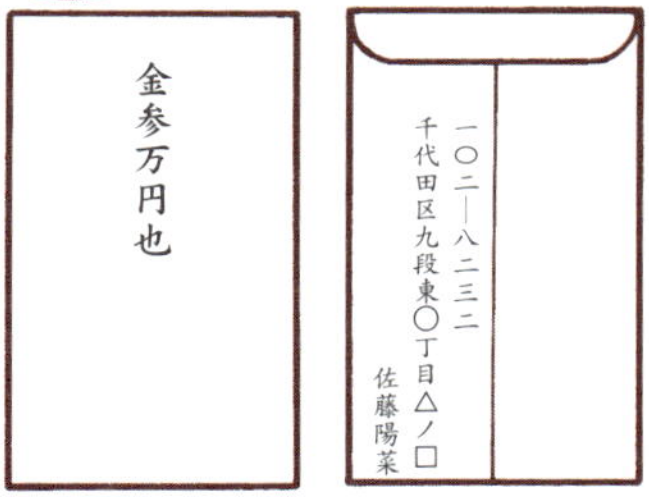

金参万円也
一〇二―八二三二
千代田区九段東〇丁目△ノ□
佐藤陽菜

弔事　できるだけ、新札ではないものを入れ、表書きは薄墨で書きます。表書きは宗教により異なりますが「御霊前」であればどの宗教も大丈夫です。

表　白黒または銀１色の結び切り

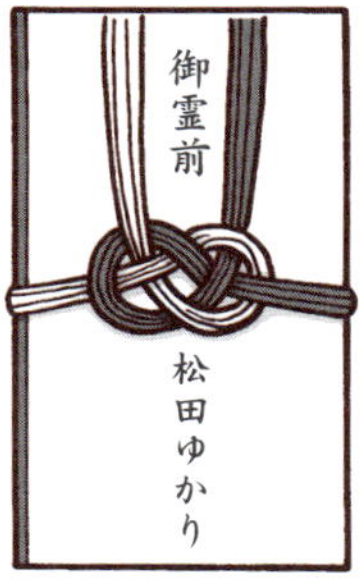

御霊前
松田ゆかり

裏

上包みは上を下に重ねます。

中袋

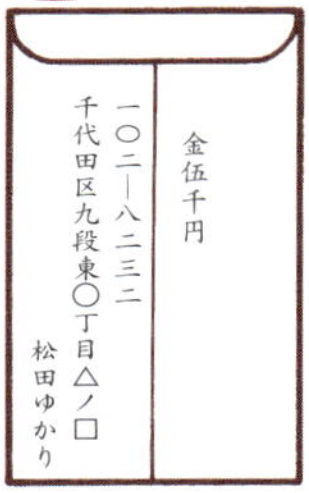

金伍千円
一〇二―八二三二
千代田区九段東〇丁目△ノ□
松田ゆかり

結婚式のマナー

社会人になると、職場の先輩や友人の結婚など人生の節目を一緒にお祝いする機会も増えます。親戚、友人のお祝いの席では社会人として、また職場関係者では園の雰囲気や質なども見られていることがありますので、マナーを覚え、節度あるふるまいをしましょう。

お祝い金の目安

自分の年齢	先輩、上司の場合	同僚の場合	後輩の場合
20代	3万円	2～3万円	2万円
30代～	3万円	3万円	3万円

※慶事にふさわしくない金額（4・6・9は避けます）。結婚式に欠席する場合は、半額から1／3程度の額の現金または贈り物を事前に送ります。

出欠の返信はがきの書き方

結婚式、披露宴の招待を受けたときには、受け取ってから1週間以内に返送しましょう。出欠がはっきりしない場合には、早めにそのことを伝え、相手の意向を聞き、期限を決めます。

裏面

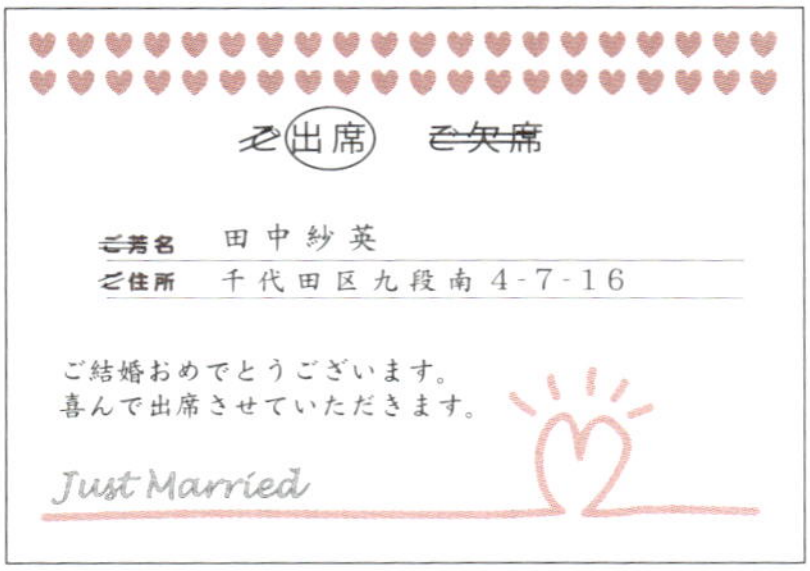
ご出席　ご欠席
ご芳名　田中紗英
ご住所　千代田区九段南4-7-16
ご結婚おめでとうございます。
喜んで出席させていただきます。
Just Married

表面

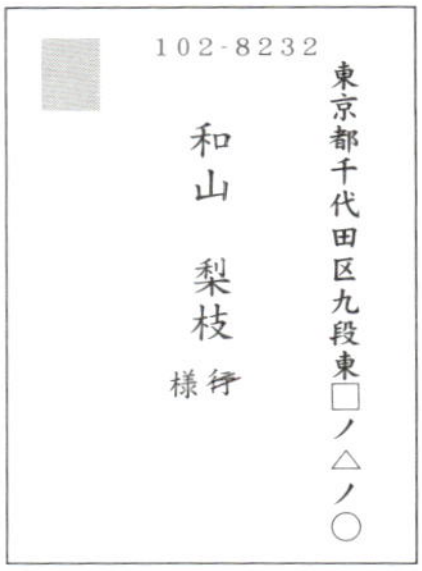
102-8232
東京都千代田区九段東□ノ△ノ○
和山　梨枝
様 行

出席または欠席するほうを○でかこみ、「ご」と該当しない方を2本線で消します。住所や名前も「ご」(「ご芳名」となっている場合は「ご芳」まで) を消します。

はがきの余白には、出欠にかかわらずお祝いの言葉を書きましょう。

名前の下の「行」を2本線で消し、「様」を書き入れます。

お祝い添え文例

- この度はおめでとうございます。喜んで出席させていただきます。
- お招きいただき、ありがとうございます。自分のことのようにうれしいです。
- 当日を楽しみにしております。

欠席の理由が弔事のとき：“やむを得ない事情で欠席させていただきます”とぼかしましょう。

披露宴でのふるまい

1. 時間に余裕を持って会場へ
受付、手荷物を預けたり、身だしなみを整える時間などを考えて早めに到着します。

2. 受付では
「新婦の友人の○○です。本日はおめでとうございます」と言い、ふくさからご祝儀を出して両手で渡します。

3. 着席したとき
同じテーブルの人と面識がなくても、軽く自己紹介をして和やかな雰囲気を楽しみましょう。

4. 食事のタイミング
スピーチの間などに食事を続けましょう。スピーチが終わったら、食べるのをやめて拍手をします。食事は、まわりの人のペースに合わせるのもマナーです。

5. 中座するとき
お手洗いなどに行くために中座するときには、お色直しやスピーチの合間を利用して行きましょう。

6. 閉宴したとき
退席するときには、同じテーブルの人に軽くあいさつをします。

メニュー表や名札、席次表は持ち帰ります。

新郎新婦やご家族のお見送りを受けるときには、「お招きいただきありがとうございました」と言葉を贈りましょう。

こんなときどうするの？

会場で新郎新婦のご家族へのあいさつはどうするの？

招待客も多い披露宴の場で、主賓の家族は忙しいものです。大切な日、簡潔にお祝いの言葉が言えるのは、社会人として素敵です。ポイントを押さえて、自分の言葉でお祝いを伝えましょう。

1. 自己紹介（新郎、新婦との関係も添える）
2. お祝いと招かれたことへの感謝を伝えます
3. 新郎新婦をたたえます

例）先輩の結婚式のとき
「いつも仕事でお世話になっております○○です。本日はおめでとうございます。本当にきれいですね」

新郎新婦をたたえるときに言ってはいけない言葉
「○○さん、今日はきれいです」「別人のようですね」「いろいろありましたね…」

出席するときの服装

男性

結婚式・披露宴などに出席するときの服装は、新郎新婦よりも華やかにならないことが大切です。

また、招待状に「平服でお越しください」とあっても、それは正礼装でなくてもよく、〝略礼装でお気軽に出席してください〟の意味です。普段着では失礼ですので、普段着よりも改まった装いで参加します。

ブラックまたはダークスーツ（シングル、ダブルでも可）。ネクタイは白かシルバーグレー、麻の白いポケットチーフなど。

和装の場合…招待されたのであれば、3つ紋付きの着物、羽織、袴に。半襟、足袋は白にします。畳表の雪駄（鼻緒は白）、小物には扇子を。

服装選びで気を付けること

- 白いドレス…白は花嫁の色なので全身に使うのは避けます。
- 全身黒の装い…弔事を連想させて縁起が悪いので避けます。
- 肌（胸）が見えすぎるドレス…年配者からは下品に見えます。

品位のある装いで、お祝いの席を盛り上げましょう。

女性

一般的な昼間の披露宴の場合
女性の正装は、アフタヌーンドレス（長袖、ロングスカート）ですが、ワンピースやスーツでも可。肌の露出を控えて、アクセサリーもパールやコサージュなどで派手すぎず、地味すぎず上品に。

ハイヒールパンプスにストッキングを。

夜の披露宴では…昼間の式よりも豪華にします。カクテルドレスがよいでしょう。生地も光沢のあるもの（サテンなど）でもOKです。アクセサリーも宝石、ゴールドなど貴金属で華やかに。

未婚女性の正装は、振袖です。新婦がお色直しで大振袖を着る可能性がある場合は中振袖、小振袖、訪問着でもよい。既婚女性は訪問着か留袖。

葬儀のマナー

突然の訃報には、驚きと戸惑いがあるとは思いますが、まずはお悔やみの言葉を言いながら、自分の心も落ち着かせましょう。そしてこれからの対応に必要なことを確認します。亡くなった方への最後のマナーとして、恥ずかしくないふるまいをしましょう。

香典の目安

一般的には３千円から５千円、多くても１万円が相場です。わからないときには、同僚、先輩に相談します。

香典袋も、宗教により異なりますので注意します。

訃報を受けたとき

1. お悔やみの言葉を述べ、情報の確認

落ち着いてメモを取ります。

（動揺して、応対できないときには、周囲の人に変わってもらいます）

お悔やみのあいさつ例

お知らせいただきまして、ありがとうございました。

この度はご愁傷さまです。心からお悔やみ申し上げます。

その他：園内の人の身内などの場合には「お手伝いすることはありませんか？」と申し出るとよい。

＜確認すること＞

・逝去の日時
（死因がわかれば聞く）
・通夜、葬儀の日時と場所
・葬儀の形式（宗教）
・喪主の氏名

2. 対応を決めて手配する

・通夜、葬儀、告別式に参列するかしないか、どれに参列するのか
・弔電、香典、供花を送るのか
園内の身内であれば、園長、主任などに相談する

マナー＋α

本来、通夜は遺族や近親者など、親しい人たちが集まって最後の別れを惜しみ、故人と最後の夜を過ごす儀式、葬儀とは遺族や親族が故人の成仏を祈る儀式、告別式は故人にゆかりのある人々が最後のお別れをする儀式と、それぞれ別の意味を持っています。しかし、最近では、昼間に行われる葬儀、告別式に参列できないので、代わりに通夜に出席するというケースも多くあります。通夜でも、告別式でも参列できる方に行けばよいでしょう。近親者、特に親しい人であれば、できるだけすべてに出席しましょう。

葬儀、告別式の流れ

受付
通夜と同じようにお悔やみを述べて、記帳し香典を渡します。(通夜で渡している場合には、記帳のみ)

↓

会葬
式場に入り、係の人の指示に従って着席します。読経の中で、喪主→遺族→弔問客の順に焼香をします。

↓

出棺のお見送り
喪主のあいさつのあと、遺族と近親者は火葬場へ行きます。参列者はコート類は脱いでお見送りをします。

↓

清めの儀式(必要な場合のみ)
帰宅時、家の中に入る前に、胸元、両肩、足先にひとつまみずつ塩を振って、身を清めます。

弔問できないとき

通夜、告別式のどちらにも弔問できないときには、電報や手紙でお悔やみの気持ちを伝えます。電話で喪主や遺族と話をするのは控えます。お悔やみのお手紙は丁寧に書き、香典を添えて現金書留で送るようにしましょう。

通夜の流れ

受付

お悔やみの言葉を述べて記帳します。
「ご霊前にお供えください」などと言い、両手で香典を渡します。

焼香

僧侶の読経のあとに、喪主→遺族→弔問客の順番に焼香します。
遺族に一礼して焼香台へ進み、遺影に一礼します。
３本の指で香をつまみ、香炉の上へ落とします。
遺影に合掌、下がって一礼、遺族へ一礼します。

通夜ぶるまい

弔問に対するお礼とお清めの意味で、簡単な食事とお酒などがふるまわれます。すすめられたら遠慮するのは失礼です。軽くいただき、早めに退席しましょう。

参列するときに注意すること

・携帯電話は電源を切るか、マナーモードにします。
・式場で久しぶりに知人に会っても、黙礼に。会話は慎みます。
・葬儀に参列するときには、読経の中に入っていかないよう、早めに到着するように心がけましょう。
・遺族への配慮（死因や臨終を聞かない。大声で泣き叫ばない、「死」を直接現することや「またまた」「たびたび」など不幸が重なる言葉は慎みます）

こんなとき どうするの？

園児や園児の家族に不幸があったとき

園長、主任と話をして対応を

園児や園児の家族（父母）に不幸があった場合、原則として、葬儀に参列することは必要でしょう。まずは園長や主任に相談して決めます。必要に応じて上司とともに参列します。もし、園の代表で参列することになったときには、その旨を伝えて参列します。

香典も個人でするのか、園としてするのか、もしくは両方なのか、これも園長、主任と相談の上で決めます。

参列するとき、葬儀の基本的なマナーを守ることはもちろんですが、園児や保護者の気持ちをくんで、心からのお悔やみを伝えましょう。

保護者・クラスメートへの伝え方

親しい保護者は職員より情報が早い場合もあり、保護者の間ですでに伝わっていることも多いのですが、知らないでいる保護者もいるかもしれないので、個別に口頭で伝えます。また、年齢にもよりますが、子どもたちの中には、伝え方によってショックを受ける子どもが出てくることもあります。伝え方には十分な注意が必要です。それぞれの保護者から聞いた方がよい場合もありますので、状況を見極めて判断しましょう。

参列するときの服装

アクセサリーは真珠のネックレス程度に（結婚指輪は可）。

靴、ハンドバックも光沢感のないものを選びます。ストッキングも黒のものにし、寒くても厚手のタイツは避けます。

長い髪の毛はまとめ、ゴムやピンも黒に。メイクも控えめにします。赤い口紅、チークは避けます。

白無地のシャツ黒いネクタイ、ネクタイピンは外します。光沢のない黒い靴、黒い靴下。ハンカチは白や地味な柄のものを。

黒のワンピースかアンサンブルスーツ。光沢感やレースの生地は避けます。

正式にはモーニングコート。略式は黒か紺のスーツ。

通夜の服装について

「突然の出来事で取り急いでかけつける」という意味から、そのままの服装、もしくは控えめな色であれば問題ないとされていますが、最近では訃報当日の通夜ということが少なくなっていますので、できるだけ上記の服装で参列しましょう。

お見舞いのマナー

入院の知らせを受けたとき、すぐに行きたいという気持ちがあっても、必ず相手（場合によっては家族）へ連絡をして、病状や様子（手術や検査などの都合）を確認し、了承を得てから行きます。

お見舞いに行くときに気を付けること

1. 相手の都合や状況を確認し、気持ちを考えます。病院であれば、面会時間などもチェックしておきます。

2. 派手なメイク、ハイヒール（病院内に足音がするため）は控えます。

3. 鉢植えや香りの強い花は持参しません。

4. 大勢でおしかけてはいけません。

金額の目安

3,000円～１万円
現金、バスケットなどに入ったフラワーアレンジメント、簡単に読める本など。果物やお菓子は食事制限などがなければ可。面会が難しい場合には、お見舞いの品だけ送りましょう。

災害のお見舞いでは…

火事、台風、地震などのお見舞いでは、安否の確認をとり、励ましの言葉を添えて、すぐに使える食料品や衣料品などの日用品がよいでしょう。

現地に駆けつけて、お手伝いをすることがお見舞いになることもあります。現金を送るのは、相手の状況が落ち着いてからのほうがよいときもありますので注意します。

病院でのふるまい

・お見舞いの時間は 15 分から 30 分程度に。
・病状を執拗に聞いたり、「やせたね」など、相手が気にすることを言ってはいけません。「気分はいかがですか？」など相手を思いやるような声かけをします。
・病気や仕事の話は避け、最近のテレビや明るい話題を話します。

こんなときどうするの？

園児が事故や病気で入院したとき

クラスの園児が入院した場合、担任として一度はお見舞いに行く必要があるでしょう。しかし、この場合も必ず園長や主任に相談してから行きます。状況によっては、園の代表としてお見舞いを頼まれることもあります。

また、持っていくものとしては、園だよりや配布物などのほかに、子どもたちのメッセージ（絵などを保育の時間の中で書いてもらったもの）などがよいでしょう。これらは、とても喜んでくれると思います。その他、静かに療養できるように絵本や玩具などもよいかもしれませんが、購入したものになると、保護者によっては気を使って「快気祝い」などでお返しをしてくるなど、かえって負担になってしまう場合もありますので、あまりにも高価なものは必要ないでしょう。

保護者には、大変だったことをねぎらい、子どもには“みんな（ほかの子どもたち）と待ってるよ”というメッセージを伝えましょう。

覚えておきたい敬語の基本

正しい敬語は、社会人としての常識です。話し方、聞き方で仕事の効率や結果が左右されることも多くあります。園内、保護者、業者などとのコミュニケーションでも言葉遣いは大切ですので、覚えておきましょう。

敬語の種類と働き

・**尊敬語（「いらっしゃる・おっしゃる」型）**
相手または、第三者の行為、ものごとや状態などについて、その人物を立てて述べるときに使います。

・**謙譲語Ⅰ（「伺う・申し上げる」型）**
自分側は立てないで、相手または、第三者の行為やものごとなどについてを立てて述べるときに使います。

・**謙譲語Ⅱ（丁重語）（「参る・申す」型）**
自分側の行為、ものごとなどを話や文章の相手に対して丁重に述べるときに使います。

・**丁寧語（「です・ます」型）**
話や文章の相手に対して丁寧に述べるときに使います。

・**美化語（「お酒・お料理」型）**
ものごとを、美化して述べるときに使います。

よく使う美化語

接頭語として「お」「ご」をつけます。

相手の事柄に対して

お名前、お話、お時間、お気遣い、ご要望、ご予定、ご都合、ご心配、ご理解

相手の持ち物など

お洋服、お荷物、お車、お写真、お知り合い、ご自宅、ご友人

その他

お茶、お酒、お手紙、お手洗い、お天気、お年寄り、お財布、お化粧、お弁当、ごちそう、ご飯、ご祝儀

使ってみましょう 丁寧な言葉使い

一般的な表現 → 丁寧な表現

今 → ただ今

さっき → 先ほど

昨日（きのう）→ 昨日（さくじつ）

今日 → 本日

明日(あした)→明日(あす、みょうにち)

おととい → 一昨日（いっさくじつ）

あとで → 後ほど

あさって → 明後日（みょうごにち）

どうやって → どのようにして

どう → いかが

誰 → どなた

どうか → 何卒（なにとぞ）

これ、この、こっち → こちら

よい、いい → よろしい

あれ、あの、あっち → あちら

それ、その、そっち → そちら

どれくらい → いかほど

どれ、どの、どっち → どちら

じゃあ → では

やっぱり → やはり

する → なさる

あります → ございます

すみません。お話ししたいことがあるんですけど。
→ 恐れ入ります。お話ししたいことがあるのですが。

今日はわざわざすみません。 → 本日はお越しいただきまして、ありがとうございます。

雨の中きていただきすみません。→ お足元がお悪い中、お越しくださりありがとうございます。

休みます。 → 休ませていただきます

お昼ご飯は食べました。 → 昼食はすませました。

予定は。 → ご都合はいかがでしょうか。

敬語対照表

ふつうの言い方	尊敬語	謙譲語Ⅰ	謙譲語Ⅱ
行く	いらっしゃる／おいでになる／行かれる	伺う／お伺いする	参る
来る	いらっしゃる／おいでになる／お越しになる／見える／お見えになる／来られる	伺う／お伺いする	参る
見る	ご覧になる／見られる	拝見する	
聞く	お耳に入る／お聞きになる／聞かれる	お聞きする／伺う／拝聴する	
言う	おっしゃる／言われる	申し上げる	申す
食べる・飲む	召し上がる／お召し上がりになる		いただく
する	なさる／される		いたす
知っている	ご存じ／知っていらっしゃる	存じ上げている	存じている
気に入る	お気に召す		
与える	たまわる／くださる		
もらう	お受けになる	いただく	頂戴する

死ぬ	お亡くなりになる		
伝える		お伝えする	
待つ	お待ちになる／お待ちくださる／待たれる	お待ちする	
連絡する		ご連絡する	
紹介する		ご紹介する	
相談する		ご相談する	
会う	お会いになる／会われる	お目にかかる／お会いする	
思う	思われる／お思いになる		存じる
借りる	お借りになる／借りられる	お借りする／拝借する	
くれる	くださる／たまわる		
知らせる	お知らせになる／お知らせくださる	お知らせする／お耳に入れる	
持つ	お持ちになる／持たれる	お持ちする	

おわりに

保育の専門性の大きな柱の一つは「子どもを理解し、子どもの思いを読み取りながらかかわること」です。つまり、保育者としてこの専門性を高める努力をすることは、あなた自身の肯定的な生き方につながるのです。同時にあなたが人間的に成長することが、いい仕事・よい保育に直結します。

そして、子どもたちと心が通じ合った時の大きな喜び、何とも言えない充実感を感じてください。子どもや保護者から信頼され、感謝されることは大きなやりがいになります。この魅力を感じたら、少々きつくても頑張れるはずです。この仕事の醍醐味《だいごみ》を十分に味わってください。

保育者は、楽しくやりがいのある仕事ですが、特に人間関係での悩みはつきません。そのことに苦しんでいる若い保育者が多くなっていると聞くことがあります。本当に不思議なことですが、一度悩みだすと次々に事態が悪くなり、次第に深刻になってしまうものです。自分では気づかないうちに「なぜ私を困らせるの?」「なぜ私にばかり言ってくるの?」という否定的なメッセージを出してしまっていることが事態を悪くしているかもしれません。でも自分の考え方やふるまいを変えることができれば簡単に改善できます。例えば、「保育者を困らせる子ども」は「助けてとサインを送っている子ども」

かもしれません。「クレームや要求ばかりを言ってくる保護者」は「話を聞いてほしい保護者」かもしれません。それを見極め、自分の見方、考え方を変えることで事態は大きく変化してくるものです。相手が変わらないことを嘆いても事態は変わりません。子どもや保護者、そして職場の上司や同僚の思いを考えて行動してみましょう。

もうひとつ忘れてはいけない大事なことがあります。それは、あなたの仕事はいつも誰かに支えられ、保育はチームで動いているということです。保育は一見して、子どもと保育者という関係だけに見えますが、そこには園全体、家庭や地域、そして社会のあり方が大きく影響しているのです。そうした意味でも、保育者一人の力で全てができることではありません。子どもを取り巻く大人の連携、力の結集が、子どもを成長させます。保育者はその中の一人にすぎません。そして園の中でも保育者同士が成長し合っていかなければ、その園の保育の質の向上はあり得ません。いい仕事・よい保育は、人とうまくつながりあうことで実現します。そのことを忘れずに、子どもや保護者は言うに及ばず、上司や同僚、そして地域の人々と温かい人間関係を築いてください。チームの一人として、専門家として、子どもの幸せのために働く者としての頑張りを心から期待しています。

監著者紹介

塩谷 香（しおや　かおり）

都内公立保育園園長、幼保一体化施設保育長、短大講師を経て2008年より東京成徳大学子ども学部子ども学科教授。乳児保育、保育実習、課題研究などの授業を担当。

※監著者の所属、肩書きは初版発行当時のものです。

〈参考文献〉
『身につけたい小学生のマナー・しつけ・エチケット事典』稲田百合著　小学館刊
『楽しく遊ぶ学ぶ　せいかつの図鑑』流田直監修　小学館刊
『手紙・はがきの書き方がすべて載ってる大事典』中川 越監修　永岡書店刊
『手紙の書き出し文例1200』主婦の友社編　主婦の友社刊
『基本のマナーBOOK　お仕事編』西出ひろ子監修　マーブルトロン（マーブルブックス）刊
『ちびまるこちゃんの敬語教室』関根健一著　集英社刊
『これだけは身につけたい　保育者の常識67』谷田貝公昭／上野通子編　一藝社刊
『カンペキ！　女性のビジネスマナー』真山美雪監修　西東社刊
『図解マナー以前の社会人の基本』岩下宣子著　講談社刊
『図解マナー以前の社会人常識』岩下宣子著　講談社刊
『これで合格！　秘書検定２級・３級頻出ポイント＆実践問題』横山都著　高橋書店刊
『おとなのマナー完璧講座』日経おとなのOFF特別編集　日経BP刊
『気持ちが伝わる美しい文章の書き方』中山庸子監修　世出版社刊
『人に好かれる　ものの言い方・伝え方のルールとマナー』古谷治子監修　日本実業出版社刊
『暮らしの絵本　話し方のマナーとコツ』杉山美奈子監修　学習研究社刊
『これで仕事がうまくいく！　話し方・聞き方のビジネスマナーの基本ルール』鶴野充茂監修　成美堂出版刊
『保護者とうまくいく方法』原坂一郎著　ひかりのくに刊
『最新　保育保健の基礎知識』第７版改訂　巷野悟郎監修　日本小児医事出版社刊
『敬語の指針』平成19年２月２日　文化審議会答申

保育者のマナーと常識

2012年７月５日　初版第１刷発行
2020年２月５日　初版第６刷発行
監　著　者　塩谷 香
発　行　人　松本 恒
発　行　所　株式会社　少年写真新聞社
〒102-8232　東京都千代田区九段南４-７-16
市ヶ谷KTビルⅠ
TEL 03-3264-2624　FAX 03-5276-7785
URL https://www.schoolpress.co.jp/
印　刷　所　大日本印刷株式会社

ISBN978-4-87981-416-6　C3037

スタッフ／編集：大石 里美　DTP：木村 麻紀　校正：石井 理抄子　企画：大津 豪太
イラスト：いがらし あや　井元 ひろい　中村 光宏　おたざわ ゆみ　編集長：野本 雅央